社区书系

社区工作者常用知识
百问百答系列图书

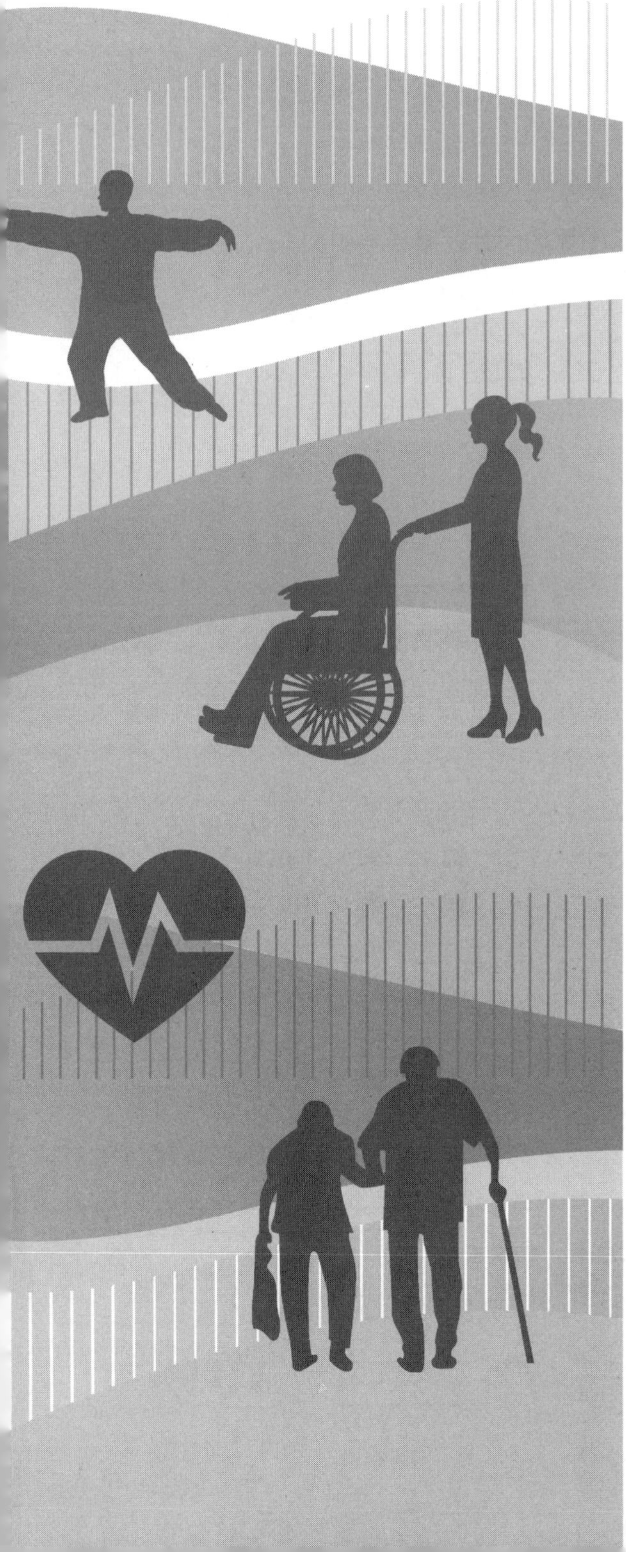



# 社区养老知识
# 百问百答

陈 慧 主编

SHEQU YANGLAO ZHISHI
BAIWENBAIDA

华龄出版社
HUALING PRESS

图书在版编目(CIP)数据

社区养老知识百问百答 / 陈慧主编. -- 北京 : 华龄出版社，2021.12

ISBN 978—7—5169—2148—7

Ⅰ. ①社… Ⅱ. ①陈… Ⅲ. ①养老—社区服务—中国—问题解答 Ⅳ. ①D669.6—44

中国版本图书馆 CIP 数据核字(2021)第 267400 号

| | | | |
|---|---|---|---|
| 策　　划 | 社区部　善爱社工 | 责任印制 | 李未圻 |
| 责任编辑 | 薛　治　李芳悦 | 装帧设计 | 唐韵设计 |

| | | | |
|---|---|---|---|
| 书　　名 | 社区养老知识百问百答 | 作　　者 | 陈　慧 |
| 出　　版<br>发　　行 | 华龄出版社 HUALING PRESS | | |
| 社　　址 | 北京市东城区安定门外大街甲 57 号 | 邮　　编 | 100011 |
| 发　　行 | (010)58122255 | 传　　真 | (010)84049572 |
| 承　　印 | 三河市腾飞印务有限公司 | | |
| 版　　次 | 2022 年 3 月第 1 版 | 印　　次 | 2022 年 3 月第 1 次印刷 |
| 规　　格 | 710mm×1000mm | 开　　本 | 1/16 |
| 印　　张 | 12 | 字　　数 | 130 千字 |
| 书　　号 | ISBN 978—7—5169—2148—7 | | |
| 定　　价 | 48.00 元 | | |

## “社区工作者常用知识百问百答系列图书”
## 编委会

## 为社会基层治理服务，打造社区所需的精品图书
## ——华龄出版社“社区书系”倾情奉献

“社区书系”是为适应新时代基层社会治理需要，深入贯彻党的十九届四中全会、五中全会关于“构建基层社会治理新格局”“社会治理特别是基层治理水平明显提高”的重要部署，落实习近平总书记关于“建立一支素质优良的专业化社区工作者队伍”的指示要求而策划编写的，旨在为社区工作人员提供系统的社区工作理论和方法指导，提高社区工作者的理论素养和工作能力，推进社区治理体系与治理能力现代化。

“社区书系”是一个融图书、视频、服务为一体的新型复合出版工程，内容体系包括三个方面：

**纸质图书**　通过纸质图书阅读，为社区工作者提供系统的理论和方法指导。

**线上课程**　通过视频课程、网络直播课程，深化重点知识，解读难点知识。

**专家服务**　通过线下培训、现场诊断等，解决社区工作中存在的问题症结。

华龄出版社是中国老龄协会主管主办的中央部委出版社，为出版“社区书系”专门成立了“社区部”，全面统筹谋划出版。“社区书系”计划出版图书 200 种，覆盖社区工作各个方面，现面向全国诚邀熟悉社区工作的专家、学者加盟“社区书系”出版计划，一起为中国社区的繁荣发展出一份力！

社区视频培训讲座

# 前言

社区是城市建设的重要组成部分，也是广大居民群众生活的地方。2020年，习近平总书记在吉林考察时强调，推进国家治理体系和治理能力现代化，社区治理只能加强、不能削弱。社区工作人员在社区治理中直面人民群众，需要时刻联系广大社区居民，协助党和政府做好社区的各种管理与服务。可以说，社区工作人员素质的高低，将决定我国未来社会治理水平的高低。

由于社区工作涉及领域十分广泛，工作任务繁杂琐碎，社区工作者需要了解和掌握很多领域的知识，熟悉一系列最新的政策、法规，掌握一系列行之有效的工作流程、方法，才能够胜任新时代的社区工作。当前，相关领域知识的欠缺、工作能力的不足是很多社区工作者存在的主要问题，缺少高素质的社区工作人员队伍是社区治理现代化面临的重要问题。正是基于这样的分析判断，华龄出版社为了助力建设美好社区，解决当前和今后一个时期社区工作者的迫切需求，提高社区工作者的知识素养和工作能力，推进社区治理能力和治理水平现代化，特别成立了“社区部”，推出了“社区书系”中的一个分系：社区工作者常用知识百问百答系列图书。

该系列图书选取了社区工作非常重要的十个领域——平安建设、政策法律宣传、未成年人教育保护、社会救助、突发事件处理、邻里关系处理、社区养老、婚姻家庭、居民防骗、公益慈善等，从每个领域中精选出

100多个常见的问题，以问答的形式呈现出来，并进行科学的分类，便于社区工作者学习参考，学有所用，工作起来更加得心应手。

“社区工作者常用知识百问百答系列图书”有以下几个特点：

**1. 内容丰富，知识全面**

内容涉及平安建设、政策法律宣传、未成年人教育保护、社会救助、突发事件处理等十大社区工作的重要领域，涵盖了这些领域的一般常识和重要知识。这些知识都是社区工作者需要了解和掌握的。

**2. 体例新颖，分类科学**

将重要的知识点以问答形式呈现出来，并按照细分工作领域和知识类型将这些问题进行了细致的分类，帮助读者梳理和建构知识架构；还设置有“知识链接”环节，进一步拓宽知识面，帮助读者加深了解和掌握。

**3. 专家团队，倾力打造**

本系列图书由著名社会学家陈慧教授领衔主编，众多社会学专家、学者、资深图书编辑组成了庞大的编写团队，确保图书内容权威、理念先进、思想前卫，切中了当前社区工作中的问题和广大社区工作者的迫切需求。

**4. 通俗易懂，实用性强**

图书语言通俗易懂，内容深入浅出，学习阅读毫无压力。书中引用了大量最新的政策、法规，不光有知识理论，还有丰富的案例和工作方法指导，具有很强的实用性，对新时代社区工作具有很强的指导作用。

本系列图书融知识性、可读性和实用性于一体，是一套便于社区工作者进行知识查阅、指导社区工作者做好社区工作的必备工具书，有助于提高社区工作者的知识素养和能力水平。由于时间和能力有限，书中难免存在不足之处，敬请广大读者批评指正。

编　者

# 目录

# 第一章 养老政策与法规

## 1. 我国的养老政策有哪些？

老年人、妇女、未成年人、残疾人等群体由于年龄、性别、身体或心理健康等因素的影响，常常在就业、生活等方面处于相对劣势或受到社会歧视，需要政策法规的特别保护。随着我国经济社会的发展，上述特殊群体的利益越来越受到重视，不仅在政府的一般工作中体现对这些特殊人群的扶助，而且在立法上形成了以《中华人民共和国宪法》(以下简称《宪法》)为统领，《中华人民共和国民法典》《中华人民共和国老年人权益保障法》(以下简称《老年人权益保障法》)等为主体的政策法规体系。

1996 年，我国正式颁布实施《老年人权益保障法》，对老年人的赡养与扶养、社会保障、社会服务、社会优待、宜居环境、参与社会发展及侵害老年人权益的法律责任等，作出了明确的规定。各省、自治区、直辖市也随之制定了维护老年人合法权益的地方性法规。为具体落实老年人权益保障工作，政府还将老龄事业纳入国民经济和社会发展规划，并相继发布《国务院关于加快发展养老服务业的若干意见》《财政部等四部门关于做好政府购买养老服务工作的通知》《“十三五”国家老龄事业发展和养老体系建设规划》《关于加强农村留守老年人关爱服务工作的意见》等文件，逐渐形成相对完备的老年人权益保护的法规与政策体系。同时，全国人民代表大会常务委员会根据我国发展国情数次修订《老年人权益保障法》,使之与我国发展状况相适应。

国家保障老年人依法享有的权益。老年人有从国家和社会获得物质帮助的权利,有享受社会服务和社会优待的权利,有参与社会发展和共享发展成果的权利。禁止歧视、侮辱、虐待或者遗弃老年人。2020 年 5 月,十三届全国人大三次会议表决通过了《中华人民共和国民法典》(以下简称《民法典》),自 2021 年 1 月 1 日起施行。其中,对老年人在监护、居住、遗嘱、继承等方面的权益作出了新的规定,相关内容将会在后面的章节中讲到。

**知识链接**

根据《老年人权益保障法》的界定,60 周岁以上的公民即为老人。随着我国经济和社会的发展,受生育率下降和人的预期寿命提高的双重影响,我国老年人口持续增长,老年人口占总人口的比例快速提高。人口普查数据显示,2010 年,我国老年人口达到 1.78 亿;2018 年年末,我国 60 周岁及以上人口 2.49 亿。积极应对人口老龄化是我国的一项长期战略任务。国家和社会应当采取措施,健全保障老年人权益的各项制度,逐步改善保障老年人生活、健康、安全以及参与社会发展的条件,实现老有所养、老有所医、老有所为、老有所学、老有所乐。

## 2. 老年人家庭赡养的内容有哪些?

《老年人权益保障法》规定,老年人养老以居家为基础,家庭成员应当尊重、关心和照料老年人。赡养人应当履行对老年人经济上供养、生活上照料和精神上慰藉的义务,照顾老年人的特殊需要。其中赡养人是指老年人的子女以及其他依法负有赡养义务的人;赡养人的配偶应当协助赡养人履行赡养义务。赡养人的赡养义务是一项法定责任,赡养人不得以放弃继承权或者其他理由,拒绝履行赡养义务。如果赡养人不履行赡养义务,老年人有要求赡养人付给赡养费的权利。

(1)护理与照料:赡养人应当使患病的老年人及时得到治疗和护理;对经济困难的老年人,应当提供医疗费用。对生活不能自理的老年人,赡养人应当承担照料责任;不能亲自照料的,可以按照老年人的意愿委托他人或者养老机构等照料。

(2)住房:赡养人应当妥善安排老年人的住房,不得强迫老年人居住或者迁居条件低劣的房屋。老年人自有的或者承租的住房,子女或者其他亲属不得侵占,不得擅自改变产权关系或者租赁关系。老年人自有的住房,赡养人有维修的义务。

(3)承包地:赡养人有义务耕种或者委托他人耕种老年人承包的田地,照管或者委托他人照管老年人的林木和牲畜等,收益归老年人所有。

(4)精神慰藉:家庭成员应当关心老年人的精神需求,不得忽视、冷落老年人。与老年人分开居住的家庭成员,应当经常看望或者问候老年人。用人单位应当按照国家有关规定保障赡养人探亲休假的权利。

**知识链接**

国家建立多层次的社会保障体系,逐步提高对老年人的保障水平。国家建立和完善以居家为基础、社区为依托、机构为支撑的社会养老服务体系。倡导全社会优待老年人。各级人民政府应当将老龄事业纳入国民经济和社会发展规划,将老龄事业经费列入财政预算,建立稳定的经费保障机制,并鼓励社会各方面投入,使老龄事业与经济、社会协调发展。

国务院制定国家老龄事业发展规划。县级以上地方人民政府根据国家老龄事业发展规划，制定本行政区域的老龄事业发展规划和年度计划。县级以上人民政府负责老龄工作的机构，应当组织、协调、指导、督促有关部门做好老年人权益保障工作。

## 3. 老年人扶养与监护的内容有哪些？

(1)扶养：老年人与配偶有相互扶养的义务。由兄、姐扶养的弟、妹成年后，有负担能力的，对年老无赡养人的兄、姐有扶养的义务。

(2)监护：具备完全民事行为能力的老年人，可以在近亲属或者其他与自己关系密切、愿意承担监护责任的个人、组织中协商确定自己的监护人。监护人在老年人丧失或者部分丧失民事行为能力时，依法承担监护责任。老年人未事先确定监护人的，其丧失或者部分丧失民事行为能力时，依照有关法律的规定确定监护人。

**知识链接**

《老年人权益保障法》只是对老年人扶养与监护作出一个大致规定，相比《民法典》缺乏具体细致的条款。因此，在维护老年人合法权益时，更多的是依靠《民法典》。《民法典》针对现实生活中老年人遇到的各种监护问题均作出了明确规定，既具有普遍性，又有较强的指导性，我们将在下节中具体讲述相关内容。

## 4. 老年人的监护人有哪些？

根据《民法典》相关规定，成年子女对父母负有赡养、扶助和保护的义务。根据监护人的不同，老年人的监护人可以分为法定监护人、意定监护人、指定监护人、其他监护人等。

(1)法定监护人。

在老年人成为无民事行为能力或限制民事行为能力人时，需要监护人承担监护职责，《民法典》第二十八条规定了有监护能力的人按顺序担任监护人：配偶；父母、子女；其他近亲属；其他愿意担任监护人的个人或者组织，但是须经被监护人住所地的居民委员会、村民委员会或者民政部门同意。需要注意的是，依法具有监护资格的人之间可以协议确定监护人。协议确定监护人应当尊重老年人的真实意愿。

(2)意定监护人。

具有完全民事行为能力的老年人，可以与其近亲属、其他愿意担任监护人的个人或者组织事先协商，以书面形式确定自己的监护人，在自己丧失或者部分丧失民事行为能力时，由该监护人履行监护职责。

(3)指定监护人。

对监护人的确定有争议的，由老年人住所地的居民委员会、村民委员会或者民政部门指定监护人，有关当事人对指定不服的，可以向人民法院申请指定监护人；有关当事人也可以直接向人民法院申请指定监护人。居民委员会、村民委员会、民政部门或者人民法院应当尊重老年人的真实意愿，按照最有利于老年人的原则在依法具有监护资格的人中指定监护人。依据相关规定指定监护人前，老年人的人身权利、财产权利以及其他合法权益处于无人保护状态的，由老年人住所地的居民委员会、村民委员会、法律规定的有关组织或者民政部门担任临时监护人。监护人被指定后，不得擅自变更；擅自变更的，不免除被指定的监护人的责任。

(4)其他监护人。

没有依法具有监护资格的人的老年人，监护人由民政部门担任，也可以由具备履行监护职责条件的被监护人住所地的居民委员会、村民委员会担任。

**知识链接**

监护人的职责是代理被监护人（即老年人）实施民事法律行为，保护其人身权利、财产权利以及其他合法权益等。监护人依法履行监护职责产生的权利，受法律保护。监护人不履行监护职责或者侵害被监护人合法权益的，应当承担法律责任。因发生突发事件等紧急情况，监护人暂时无法履行监护职责，被监护人的生活处于无人照料状态的，被监护人住所地的居民委员会、村民委员会或者民政部门应当为被监护人安排必要的临时生活照料措施。

老年人的监护人履行监护职责，应当最大程度地尊重老年人的真实意愿，保障并协助老年人实施与其智力、精神健康状况相适应的民事法律行为。对老年人有能力独立处理的事务，监护人不得干涉。监护人应当按照最有利于被监护人的原则履行监护职责。

## 5. 老年人的监护人被撤销监护资格的情形有哪些？

根据《民法典》规定，监护人有下列情形之一的，人民法院根据有关个人或者组织的申请，撤销其监护人资格，安排必要的临时监护措施，并按照最有利于被监护人的原则依法指定监护人：

（1）实施严重损害被监护人身心健康的行为。

（2）怠于履行监护职责，或者无法履行监护职责且拒绝将监护职责部分或者全部委托给他人，导致被监护人处于危困状态。

（3）实施严重侵害被监护人合法权益的其他行为。

本条规定的有关个人、组织包括：其他依法具有监护资格的人，居民委员会、村民委员会、学校、医疗机构、妇女联合会、残疾人联合会、未成年人保护组织、依法设立的老年人组织、民政部门等。

前款规定的个人和民政部门以外的组织未及时向人民法院申请撤销监护人资格的，民政部门应当向人民法院申请。

**知识链接**

依法负担被监护人抚养费、赡养费、扶养费的父母、子女、配偶等，被人民法院撤销监护人资格后，应当继续履行负担的义务。被监护人的父母或者子女被人民法院撤销监护人资格后，除对被监护人实施故意犯罪以外，确有悔改表现的，经其申请，人民法院可以在尊重被监护人真实意愿的前提下，视情况恢复其监护人资格，人民法院指定的监护人与被监护人的监护关系同时终止。

## 6.老年人宣告失踪或死亡的情形有哪些?

(1)老年人宣告失踪的情形。根据《民法典》规定,老年人下落不明满二年的,利害关系人可以向人民法院申请宣告该自然人为失踪人。老年人下落不明的时间自其失去音讯之日起计算。战争期间下落不明的,下落不明的时间自战争结束之日或者有关机关确定的下落不明之日起计算。老年人的财产由其配偶、成年子女、父母或者其他愿意担任财产代管人的人代管。代管有争议,没有前款规定的人,或者前款规定的人无代管能力的,由人民法院指定的人代管。

(2)根据《民法典》规定,老年人有下列情形之一的,利害关系人可以向人民法院申请宣告该老年人死亡:下落不明满四年;因意外事件,下落不明满二年。其中,因意外事件下落不明,经有关机关证明该自然人不可能生存的,申请宣告死亡不受二年时间的限制。

(3)其他情形。对同一自然人,有的利害关系人申请宣告死亡,有的利害关系人申请宣告失踪,符合本法规定的宣告死亡条件的,人民法院应当宣告死亡。需要注意的是,老年人被宣告失踪或死亡的时间。被宣告死亡的老年人,人民法院宣告死亡的判决作出之日视为其死亡的日期;因意外事件下落不明宣告死亡的,意外事件发生之日视为其死亡的日期。

**知识链接**

失踪的老年人重新出现,经本人或者利害关系人申请,人民法院应当撤销失踪宣告。同时,有权请求财产代管人及时移交有关财产并报告财产代管情况。被宣告死亡的老年人重新出现,经本人或者利害关系人申请，人民法院应当撤销死亡宣告。另外，被宣告死亡的老年人的婚姻关系，自死亡宣告之日起消除。死亡宣告被撤销的，婚姻关系自撤销死亡宣告之日起自行恢复。但是，其配偶再婚或者向婚姻登记机关书面声明不愿意恢复的除外。

## 7. 老年人婚姻权益的内容有哪些?

《民法典》规定，结婚应当男女双方完全自愿，禁止任何一方对另一方加以强迫，禁止任何组织或者个人加以干涉。夫妻双方自愿离婚的，应当签订书面离婚协议，并亲自到婚姻登记机关申请离婚登记。离婚协议应当载明双方自愿离婚的意思表示和对子女扶养、财产以及债务处理等事项协商一致的意见。

需要注意的是，老年人的婚姻自由受法律保护。子女或者其他亲属不得干涉老年人离婚、再婚及婚后的生活。赡养人的赡养义务不因老年人的婚姻关系变化而消除。

**知识链接**

老年人既是成年人，同时也是公民，理应享有其他公民享有的一切权益。因此，其他公民合法权益对于老年人同样适用。最新颁布的《民法典》新增了“离婚冷静期”，其规定：自婚姻登记机关收到离婚登记申请之日起三十日内，任何一方不愿意离婚的，可以向婚姻登记机关撤回离婚登记申请。前款规定期限届满后三十日内，双方应当亲自到婚姻登记机关申请发给离婚证；未申请的，视为撤回离婚登记申请。

## 8. 老年人财产与继承的内容有哪些?

(1)财产:老年人对个人的财产,依法享有占有、使用、收益和处分的权利,子女或者其他亲属不得干涉,不得以窃取、骗取、强行索取等方式侵犯老年人的财产权益。

(2)继承:老年人有依法继承父母、配偶、子女或者其他亲属遗产的权利,有接受赠与的权利。子女或者其他亲属不得侵占、抢夺、转移、隐匿或者损毁应当由老年人继承或者接受赠与的财产。老年人以遗嘱处分财产,应当依法为老年配偶保留必要的份额。

**知识链接**

《民法典》规定:"继承从被继承人死亡时开始。相互有继承关系的数人在同一事件中死亡,难以确定死亡时间的,推定没有其他继承人的人先死亡。都有其他继承人,辈分不同的,推定长辈先死亡;辈分相同的,推定同时死亡,相互不发生继承。"对于老年人财产继承,该规定同样适用。

## 9. 在老年人的财产继承中,法定继承的内容有哪些?

在老年人没有立遗嘱、签订遗赠扶养协议或没有做特别安排的情况下,根据《民法典》规定,其遗产按照下列顺序继承:

(1)第一顺序:配偶、子女、父母。

(2)第二顺序:兄弟姐妹、祖父母、外祖父母。

需要注意的是,继承开始后,由第一顺序继承人继承,第二顺序继承人不继承;没有第一顺序继承人继承的,由第二顺序继承人继承。此处所称子女,包括婚生子女、非婚生子女、养子女和有扶养关系的继子女。此处所称父母,包括生父母、养父母和有扶养关系的继父母。此处所称兄弟姐妹,包括同父母的兄弟姐妹、同父异母或者同母异父的兄弟姐妹、养兄弟姐妹、有扶养关系的继兄弟姐妹。

被继承人的子女先于被继承人死亡的,由被继承人的子女的直系晚辈血亲代位继承。被继承人的兄弟姐妹先于被继承人死亡的,由被继承人的兄弟姐妹的子女代位继承。代位继承人一般只能继承被代位继承人有权继承的遗产份额。

丧偶儿媳对公婆,丧偶女婿对岳父母,尽了主要赡养义务的,作为第一顺序继承人。同一顺序继承人继承遗产的份额,一般应当均等。

对生活有特殊困难又缺乏劳动能力的继承人,分配遗产时,应当予以照顾。对被继承人尽了主要扶养义务或者与被继承人共同生活的继承人,分配遗产时,可以多分。有扶养能力和有扶养条件的继承人,不尽扶养义务的,分配遗产时,应当不分或者少分。

**知识链接**

对继承人以外的依靠被继承人扶养的人,或者继承人以外的对被继承人扶养较多的人,可以分给适当的遗产。继承人应当本着互谅互让、和睦团结的精神,协商处理继承问题。遗产分割的时间、办法和份额,由继承人协商确定;协商不成的,可以由人民调解委员会调解或者向人民法院提起诉讼。

## 10. 在老年人的财产继承中，遗嘱继承和遗赠的内容有哪些？

老年人可以依照《民法典》规定立遗嘱处分个人财产，并可以指定遗嘱执行人。其所立遗嘱可以将个人财产指定由法定继承人中的一人或者数人继承，或者将个人财产赠与国家、集体或者法定继承人以外的组织、个人。

(1)自书遗嘱：自书遗嘱由遗嘱人亲笔书写，签名，注明年、月、日。

(2)代书遗嘱：代书遗嘱应当有两个以上见证人在场见证，由其中一人代书，并由遗嘱人、代书人和其他见证人签名，注明年、月、日。

(3)打印遗嘱：打印遗嘱应当有两个以上见证人在场见证。遗嘱人和见证人应当在遗嘱每一页签名，注明年、月、日。

(4)录音遗嘱：以录音录像形式立的遗嘱，应当有两个以上见证人在场见证。遗嘱人和见证人应当在录音录像中记录其姓名或者肖像，以及年、月、日。

(5)口头遗嘱：遗嘱人在危急情况下，可以立口头遗嘱。口头遗嘱应当有两个以上见证人在场见证。危急情况消除后，遗嘱人能够以书面或者录音录像形式立遗嘱的，所立的口头遗嘱无效。

(6)公证遗嘱：公证遗嘱由遗嘱人经公证机构办理。

需要注意的是，遗嘱应当为缺乏劳动能力又没有生活来源的继承人保留必要的遗产份额。遗嘱人可以撤回、变更自己所立的遗嘱。立遗嘱后，遗嘱人实施与遗嘱内容相反的民事法律行为的，视为对遗嘱相关内容的撤回。立有数份遗嘱，内容相抵触的，以最后的遗嘱为准。

自然人可以与继承人以外的组织或者个人签订遗赠扶养协议。按照协议，该组织或者个人承担该自然人生养死葬的义务，享有受遗赠的权利。

知识链接

无民事行为能力人或者限制民事行为能力人所立的遗嘱无效。遗嘱必须表示遗嘱人的真实意思，受欺诈、胁迫所立的遗嘱无效。伪造的遗嘱无效。遗嘱被篡改的，篡改的内容无效。除此之外，遗嘱继承或者遗赠附有义务的，继承人或者受遗赠人应当履行义务。没有正当理由不履行义务的，经利害关系人或者有关组织请求，人民法院可以取消其接受附义务部分遗产的权利。

## 11. 在老年人的财产继承中，继承人丧失继承权的情形有哪些？

《民法典》规定，继承人有下列行为之一的，丧失继承权：

（1）故意杀害被继承人。

（2）为争夺遗产而杀害其他继承人。

（3）遗弃被继承人，或者虐待被继承人情节严重。

（4）伪造、篡改、隐匿或者销毁遗嘱，情节严重。

（5）以欺诈、胁迫手段迫使或者妨碍被继承人设立、变更或者撤回遗嘱，情节严重。

继承人有前款第三项至第五项行为，确有悔改表现，被继承人表示宽恕或者事后在遗嘱中将其列为继承人的，该继承人不丧失继承权。受遗赠人有本条第一款规定行为的，丧失受遗赠权。

**知识链接**

继承开始后，按照法定继承办理；有遗嘱的，按照遗嘱继承或者遗赠办理；有遗赠扶养协议的，按照协议办理。继承开始后，继承人放弃继承的，应当在遗产处理前，以书面形式作出放弃继承的表示；没有表示的，视为接受继承。受遗赠人应当在知道受遗赠后六十日内，作出接受或者放弃受遗赠的表示；到期没有表示的，视为放弃受遗赠。

## 12. 在老年人的遗产处理中，遗产管理人的职责有哪些？

根据《民法典》规定，继承开始后，遗嘱执行人为遗产管理人；没有遗嘱执行人的，继承人应当及时推选遗产管理人；继承人未推选的，由继承人共同担任遗产管理人；没有继承人或者继承人均放弃继承的，由被继承人生前住所地的民政部门或者村民委员会担任遗产管理人。另外，对遗产管理人的确定有争议的，利害关系人可以向人民法院申请指定遗产管理人。

遗产管理人应当履行下列职责：

(1)清理遗产并制作遗产清单。

(2)向继承人报告遗产情况。

(3)采取必要措施防止遗产毁损、灭失。

(4)处理被继承人的债权债务。

(5)按照遗嘱或者依照法律规定分割遗产。

(6)实施与管理遗产有关的其他必要行为。

**知识链接**

遗产管理人应当依法履行职责，因故意或者重大过失造成继承人、受遗赠人、债权人损害的，应当承担民事责任。遗产管理人可以依照法律规定或者按照约定获得报酬。

## 13. 在老年人的遗产处理中，哪些遗产可以按法定继承办理？

根据《民法典》规定，继承开始后，继承人于遗产分割前死亡，并没有放弃继承的，该继承人应当继承的遗产转给其继承人，但是遗嘱另有安排的除外。夫妻共同所有的财产，除有约定的外，遗产分割时，应当先将共同所有的财产的一半分出为配偶所有，其余的为被继承人的遗产。遗产在家庭共有财产之中的，遗产分割时，应当先分出他人的财产。

有下列情形之一的，遗产中的有关部分按照法定继承办理：

(1)遗嘱继承人放弃继承或者受遗赠人放弃受遗赠。

(2)遗嘱继承人丧失继承权或者受遗赠人丧失受遗赠权。

(3)遗嘱继承人、受遗赠人先于遗嘱人死亡或者终止。

(4)遗嘱无效部分所涉及的遗产。

(5)遗嘱未处分的遗产。

**知识链接**

遗产分割应当有利于生产和生活需要，不损害遗产的效用。不宜分割的遗产，可以采取折价、适当补偿或者共有等方法处理。夫妻一方死亡后另一方再婚的，有权处分所继承的财产，任何组织或者个人不得干涉。

## 14. 老年人赡养协议的内容有哪些?

经老年人同意,赡养人之间可以就履行赡养义务签订协议。赡养协议的内容不得违反法律的规定和老年人的意愿。赡养人不得要求老年人承担力不能及的劳动。禁止对老年人实施家庭暴力。基层群众性自治组织、老年人组织或者赡养人所在单位监督协议的履行。

赡养人、扶养人不履行赡养、扶养义务的,基层群众性自治组织、老年人组织或者赡养人、扶养人所在单位应当督促其履行。

**知识链接**

关于赡养,《民法典》规定:"依法负担被监护人抚养费、赡养费、扶养费的父母、子女、配偶等,被人民法院撤销监护人资格后,应当继续履行负担的义务。""成年子女不履行赡养义务的,缺乏劳动能力或者生活困难的父母,有要求成年子女给付赡养费的权利。"

## 15. 关于老年人社会保险的内容有哪些?

国家通过基本养老保险制度,保障老年人的基本生活和基本医疗需要。享受最低生活保障的老年人和符合条件的低收入家庭中的老年人参加新型农村合作医疗和城镇居民基本医疗保险所需个人缴费部分,由政府给予补贴。有关部门制定医疗保险办法,应当对老年人给予照顾。

**知识链接**

社会保险能保障年老后基本生活，实现老有所养。为老年人的晚年提供可靠的经济来源，满足其生活需求，减轻子女赡养负担。从家庭和个人角度出发，个人参加社会保险是在一定程度上通过强制缴纳的方式结合国家自主扶持的方式为年老后的生活提供了保障，免除了家庭的后顾之忧，也减少了子女扶养老年人和孩子的双重压力，给老年人和整个家庭带来了积极的影响。

## 16. 老年人护理保障的内容有哪些？

国家逐步开展长期护理保障工作，保障老年人的护理需求。对生活长期不能自理、经济困难的老年人，地方各级人民政府应当根据其失能程度等情况给予护理补贴。各地要加快建立养老服务评估机制，建立健全经济困难的高龄、失能等老年人补贴制度。

**知识链接**

为了让失能人群，主要是老年失能人群获得持续有效的长期护理服务，需要建立长期护理制度。长期护理制度要从护理服务资源和资金两方面为失能者和失能者的家庭提供保障。其中，资金保障是建立和发展老年长期护理服务制度的根本基础。没有资金保障，长期护理服务就无法持续运行下去。长期护理保险一般以互助共济方式筹集资金，为日常生活不能自理的人群提供长期护理服务或者护理费用补偿。

## 17. 老年人社会救助的内容有哪些？

国家对经济困难的老年人给予基本生活、医疗、居住或者其他救助。老年人无劳动能力、无生活来源、无赡养人和扶养人，或者其赡养人和扶养人确无赡养能力或者扶养能力的，由地方各级人民政府依照有关规定给予供养或者救助。对流浪乞讨、遭受遗弃等生活无着的老年人，由地方各级人民政府依照有关规定给予救助。

在我国当前阶段，国家主要通过覆盖城乡的最低生活保障对经济困难的老年人给予生活救助。各地贯彻落实中央文件精神，及时将家庭年人均收入低于当地低保标准的老年人纳入保障范围，基本实现应保尽保。考虑到贫困老年人在医疗、保健、照顾等方面存在特殊需求，故对低保家庭中的老年人采取“分类施保”政策，给予重点照顾。

《社会救助暂行办法》规定，国家对无劳动能力、无生活来源且无法定赡养、抚养、扶养义务人，或者其法定赡养、抚养、扶养义务人无赡养、抚养、扶养能力的老年人，给予特困人员供养。特困人员供养的内容包括：提供基本生活条件；对生活不能自理的给予照料；提供疾病治疗；办理丧葬事宜。

**知识链接**

特困人员供养标准，由省、自治区、直辖市或者设区的市级人民政府确定、公布。特困人员供养应当与城乡居民基本养老保险、基本医疗保障、最低生活保障、孤儿基本生活保障等制度相衔接。

## 18. 老年人住房保障的内容有哪些?

地方各级人民政府在实施廉租住房、公共租赁住房等住房保障制度或者进行危旧房屋改造时,应当优先照顾符合条件的老年人。

另外,赡养人应当妥善安排老年人的住房,不得强迫老年人迁居条件低劣的房屋。老年人自有的或者承租的住房,子女或者其他亲属不得侵占,不得擅自改变产权关系或者租赁关系。老年人自有的住房,赡养人有维修的义务。

《民法典》新增"居住权",重点保护老年人房屋权益。其规定:居住权人有权按照合同约定,对他人的住宅享有占有、使用的用益物权,以满足生活居住的需要。居住权无偿设立,但是当事人另有约定的除外。设立居住权的,应当向登记机构申请居住权登记。居住权自登记时设立。居住权不得转让、继承。设立居住权的住宅不得出租,但是当事人另有约定的除外。居住权期限届满或者居住权人死亡的,居住权消灭。居住权消灭的,应当及时办理注销登记。

**知识链接**

设立居住权,当事人应当采用书面形式订立居住权合同。居住权合同一般包括下列条款:当事人的姓名或者名称和住所;住宅的位置;居住的条件和要求;居住权期限;解决争议的方法。

## 19. 老年人社会福利的内容有哪些?

社会福利是国家或社会在法律和政策范围内，在居民住宅、公共卫生、环保、基础教育领域，向全体公民普遍提供资金帮助和优价服务的社会性制度。老年人社会福利包括以下内容：

(1)满足生存与安全需要的福利。

如住房福利、生活照顾福利、医疗护理福利。

(2)满足尊重与享受需要的福利。

如建立适合老年生活和活动的配套设施；开展适合老年人的群众性文化、体育、娱乐活动，丰富老年人的精神生活；在参观、游览、乘坐公共交通工具等方面为老年人提供优待和照顾。

(3)满足发展需要的福利。

如国家发展老年教育事业，办好各类老年学校，为老年人继续受教育提供方便；国家为老年人参与社会主义物质文明和精神文明建设创造条件，发挥老年人的专长和作用。

《老年人权益保障法》规定，国家建立和完善老年人福利制度，根据经济社会发展水平和老年人的实际需要，增加老年人的社会福利。国家鼓励地方建立八十周岁以上低收入老年人高龄津贴制度。国家建立和完善计划生育家庭老年人扶助制度。农村可以将未承包的集体所有的部分土地、山林、水面、滩涂等作为养老基地，收益供老年人养老。

**知识链接**

在我国，国家鼓励、扶持社会组织或者个人兴办老年福利院、敬老院、老年公寓、老年医疗康复中心和老年文化体育活动场所等设施。地方各级人民政府应当根据当地经济发展水平，逐步增加对老年福利事业的投入，兴办老年福利设施，以不断提高我国社会福利水平。

## 20. 老年人社会扶养的内容有哪些？

老年人可以与集体经济组织、基层群众性自治组织、养老机构等组织或者个人签订遗赠扶养协议或者其他扶助协议。负有扶养义务的组织或者个人按照遗赠扶养协议，承担该老年人生养死葬的义务，享有受遗赠的权利。

**知识链接**

《民法典》规定，自然人可以与继承人以外的组织或者个人签订遗赠扶养协议。按照协议，该组织或者个人承担该自然人生养死葬的义务，享有受遗赠的权利。从该项规定可知，该规定主要是为了充分保护老年人社会扶养权益，以更好服务老年人晚年生活。

## 21. 各级政府关于养老社会服务的内容有哪些？

(1)地方各级人民政府和有关部门应当采取措施，发展城乡社区养老服务，鼓励、扶持专业服务机构及其他组织和个人，为居家的老年人提供生活照料、紧急救援、医疗护理、精神慰藉、心理咨询等多种形式的服务。对经济困难的老年人，地方各级人民政府应当逐步给予养老服务补贴。

(2)各级人民政府和有关部门应当将老年医疗卫生服务纳入城乡医疗卫生服务规划,将老年人健康管理和常见病预防等纳入国家基本公共卫生服务项目。鼓励为老年人提供保健、护理、临终关怀等服务。

(3)国家鼓励医疗机构开设针对老年病的专科或者门诊。医疗卫生机构应当开展老年人的健康服务和疾病防治工作。

知识链接

地方各级人民政府和有关部门、基层群众性自治组织,应当将养老服务设施纳入城乡社区配套设施建设规划,建立适应老年人需要的生活服务、文化体育活动、日间照料、疾病护理与康复等服务设施和网点,就近为老年人提供服务。同时,发扬邻里互助的传统,提倡邻里间关心、帮助有困难的老年人。鼓励慈善组织、志愿者为老年人服务。倡导老年人互助服务。

## 22. 各级政府关于养老土地用地规定的内容有哪些?

(1)地方各级人民政府和有关部门应当按照老年人口比例及分布情况,将养老服务设施建设纳入城乡规划和土地利用总体规划,统筹安排养老服务设施建设用地及所需物资。

(2)公益性养老服务设施用地,可以依法使用国有划拨土地或者农民集体所有的土地。养老服务设施用地,非经法定程序不得改变用途。

国土资源部明确要求,土地利用计划要加大对养老、医疗、现代服务业和公益设施等民生社会事业项目的支持,对国家重点发展的民生社会事业项目用地予以充分保障。

**知识链接**

民政部、国土资源部等四部门联合印发《关于推进城镇养老服务设施建设工作的通知》规定各地国土资源等部门要加强对居家和社区养老服务设施项目规划、用地、建设和竣工验收等环节的监督。用于城镇养老服务设施建设的用地、用房，不得挪作他用。非经法定程序，不得改变养老服务设施建设的用途。严禁养老服务设施建设用地、用房改变用途、容积率等土地使用条件搞房地产开发等。需要注意的是，由于我国各地具体情况有所差异，因此出台的相关政策各有侧重，但总体而言，都是积极给予养老用地政策性支持。

## 23. 设立或变更养老机构应注意的事项有哪些？

(1)政府投资兴办的养老机构，应当优先保障经济困难的孤寡、失能、高龄等老年人的服务需求。国务院有关部门制定养老服务设施建设、养老服务质量和养老服务职业等标准，建立健全养老机构分类管理和养老服务评估制度。

(2)各级人民政府应当规范养老服务收费项目和标准，加强监督和管理。

(3)设立公益性养老机构，应当依法办理相应的登记。设立经营性养老机构，应当在市场监督管理部门办理登记。

(4)养老机构登记后即可开展服务活动，并向县级以上人民政府民政部门备案。养老机构变更或者终止的，应当妥善安置收住的老年人，并依照规定到有关部门办理手续。有关部门应当为养老机构妥善安置老年人提供帮助。

知识链接

为了更好推动养老机构的发展，民政部出台了《民政部养老机构设立许可服务指南》，对适应范围、受理机构、审批数量、办事条件、申请材料、办理基本流程、办理方式、审批时限、申请人权利和义务等方面都作出了明确规定。

## 24. 各级政府或部门对养老机构的职责有哪些？

(1)地方各级人民政府加强对本行政区域养老机构管理工作的领导，建立养老机构综合监管制度。

(2)县级以上人民政府民政部门负责养老机构的指导、监督和管理，其他有关部门依照职责分工对养老机构实施监督。

(3)民政部门实施监督检查时，监督检查人员不得少于 2 人，应当出示执法证件。对民政部门依法进行的监督检查，养老机构应当配合，如实提供相关资料和信息，不得隐瞒、拒绝、阻碍。

(4)对已经备案的养老机构，备案民政部门应当自备案之日起 20 个工作日以内进行现场检查，并核实备案信息；对未备案的养老机构，服务场所所在地的县级人民政府民政部门应当自发现其收住老年人之日起 20 个工作日以内进行现场检查，并督促及时备案。民政部门应当每年对养老机构服务安全和质量进行不少于一次的现场检查。

(5)民政部门应当采取随机抽取检查对象、随机选派检查人员的方式对养老机构实施监督检查。抽查情况及查处结果应当及时向社会公布。

(6)民政部门应当结合养老机构的服务规模、信用记录、风险程度等情况,确定抽查比例和频次。对违法失信、风险高的养老机构,适当提高抽查比例和频次,依法依规实施严管和惩戒。

(7)民政部门应当加强对养老机构非法集资的防范、监测和预警工作,发现养老机构涉嫌非法集资的,按照有关规定及时移交相关部门。

(8)民政部门应当充分利用信息技术手段,加强对养老机构的监督检查,提高监管能力和水平。同时,应当定期开展养老服务行业统计工作,养老机构应当及时准确报送相关信息。

**知识链接**

在我国,主要由民政部门对养老机构进行监管。民政部门应当畅通对养老机构的举报投诉渠道,依法及时处理有关举报投诉。另外,民政部门发现个人或者组织未经登记以养老机构名义开展活动的,应当书面通报相关登记管理机关,并配合做好查处工作。

## 25. 政府履行监督职责时,可以采取的措施有哪些?

县级以上人民政府民政部门依法履行监督检查职责,可以采取以下措施:

(1)向养老机构和个人了解情况。

(2)进入涉嫌违法的养老机构进行现场检查。

(3)查阅或者复制有关合同、票据、账簿及其他有关资料。

(4)发现养老机构存在可能危及人身健康和生命财产安全风险的，责令限期改正，逾期不改正的，责令停业整顿。

知识链接

需要注意的是，县级以上人民政府民政部门调查养老机构涉嫌违法的行为，应当遵守《中华人民共和国行政强制法》和其他有关法律、行政法规的规定。

## 26. 政府关于养老机构其他方面的规定有哪些？

养老机构应当与接受服务的老年人或者其代理人签订服务协议，明确双方的权利、义务。养老机构及其工作人员不得以任何方式侵害老年人的权益。国家鼓励养老机构投保责任保险，鼓励保险公司承保责任保险。

知识链接

国家建立健全养老服务人才培养、使用、评价和激励制度，依法规范用工，促进从业人员劳动报酬合理增长，发展专职、兼职和志愿者相结合的养老服务队伍。国家鼓励高等学校、中等职业学校和职业培训机构设置相关专业或者培训项目，培养养老服务专业人才。

## 27. 老年人社会服务优待的内容有哪些？

（1）县级以上人民政府及其有关部门根据经济社会发展情况和老年人的特殊需要，制定优待老年人的办法，逐步提高优待水平。对常住在本行政区域内的外埠老年人给予同等优待。

（2）各级人民政府和有关部门应当为老年人及时、便利地领取养老金、结算医疗费和享受其他物质帮助提供条件。各级人民政府和有关部门办理房屋权属关系变更、户口迁移等涉及老年人权益的重大事项时，应当就办理事项是否为老年人的真实意思表示进行询问，并依法优先办理。

**知识链接**

各级人民政府和有关部门办理房屋权属关系变更、户口迁移等涉及老年人权益的重大事项时，应当就办理事项是否为老年人的真实意思表示进行询问，并依法优先办理。

## 28. 老年人法律服务优待方面的内容有哪些？

（1）老年人因其合法权益受侵害提起诉讼，交纳诉讼费确有困难的，可以缓交、减交或者免交；需要获得律师帮助，但无力支付律师费用的，可以获得法律援助。

（2）鼓励律师事务所、公证处、基层法律服务所和其他法律服务机构为经济困难的老年人提供免费或者优惠服务。

知识链接

加大老年人法律服务优待力度,能够有效地改善广大老年人的生活质量,切实维护老年人合法权益,增强全社会尊老敬老意识,也是增进老年人福祉的重要举措。

## 29. 老年人医疗服务优待的内容有哪些?

医疗机构应当为老年人就医提供方便,对老年人就医予以优先。有条件的地方,可以为老年人设立家庭病床,开展巡回医疗、护理、康复、免费体检等服务,提倡为老年人义诊。

2020年,国家卫生健康委、国家中医药管理局联合发布《关于开展建设老年友善医疗机构工作的通知》(以下简称《通知》)。《通知》要求,通过开展建设老年友善医疗机构工作,推进医疗机构全面落实老年人医疗服务优待政策,保障老年人合法权益,完善医疗机构各项制度措施,优化老年人就医流程,提供老年友善服务,解决老年人就医在智能技术方面遇到的困难,弘扬中华民族敬老、助老美德,推动建设老年友好社会。

知识链接

由于我国各地医疗水平差异较大,各地的相关政策也各有不同。其中,以天津市老年人医疗优待服务较为突出。近年来,天津市出台老年人医疗服务优待政策,要求全市各级综合医院、中医医院、中西医结合医院、部分专科医院、康复医院、护理院和社区卫生服务中心、乡镇卫生院等为老年人提供医疗服务的医疗机构,从友善文化、友善管理、友善服务、友善环境四个方面入手，不断加强对老年人的友善服务，以完善当地老年人医疗服务体系。在我国现阶段，大多数地方均是以中央政策为指导，以本地实际医疗水平和经济状况为基础而展开老年人医疗服务优待的。

## 30. 老年人公共服务优待的内容有哪些？

国家倡导与老年人日常生活密切相关的服务行业为老年人提供优先、优惠服务。城市公共交通、公路、铁路、水路和航空客运，应当为老年人提供优待和照顾。博物馆、美术馆、科技馆、纪念馆、公共图书馆、文化馆、影剧院、体育场馆、公园、旅游景点等场所，应当对老年人免费或者优惠开放。农村老年人不承担兴办公益事业的筹劳义务。

**知识链接**

对老年人实施公共服务优待有利于进一步完善老年人服务体系，方便老年人生活，为老年人提供便利，提升其生活质量和幸福指数，从而不断完善我国社会福利制度。

## 31. 老年人养老宜居环境方面的内容有哪些？

《老年人权益保障法》规定，国家采取措施，推进宜居环境建设，为老年人提供安全、便利和舒适的环境。具体而言，包括以下方面内容：

(1)各级人民政府在制定城乡规划时,应当根据人口老龄化发展趋势、老年人口分布和老年人的特点,统筹考虑适合老年人的公共基础设施、生活服务设施、医疗卫生设施和文化体育设施建设。

(2)国家制定和完善涉及老年人的工程建设标准体系,在规划、设计、施工、监理、验收、运行、维护、管理等环节加强相关标准的实施与监督。

(3)国家制定无障碍设施工程建设标准。新建、改建和扩建道路、公共交通设施、建筑物、居住区等,应当符合国家无障碍设施工程建设标准。各级人民政府和有关部门应当按照国家无障碍设施工程建设标准,优先推进与老年人日常生活密切相关的公共服务设施的改造。无障碍设施的所有人和管理人应当保障无障碍设施正常使用。

**知识链接**

国家推动老年宜居社区建设,引导、支持老年宜居住宅的开发,推动和扶持老年人家庭无障碍设施的改造,为老年人创造无障碍居住环境。

## 32. 老年人参与社会发展的内容有哪些?

国家和社会应当重视、珍惜老年人的知识、技能、经验和优良品德,发挥老年人的专长和作用,保障老年人参与经济、政治、文化和社会生活。另外,老年人可以通过老年人组织,开展有益身心健康的活动。

**知识链接**

影响老年人参与社会发展的因素主要如下:

(1)老年人自身素质参差不齐。

老年人自身素质是主要因素。首先,随着年龄的增长,老年人的身体机能也随之下降,这直接影响着老年人的社会参与水平。其次,经济收入状况也会影响老年人社会参与意愿、参与水平以及参与方式。低收入阶层老人参与社会大多是为了改善生活,而中高收入阶层老人是为了追求精神满足。最后,教育水平也影响老年人社会参与。老年人的文化程度越高,社会参与意愿越强,反之,文化水平较低的老年人的社会参与意愿则显得较低。

(2)社会参与意识淡薄。

我国老年人的社会参与意识普遍存在偏差,尽管人们认同老有所为,但实际生活中更多关注的是老年人的健康水平,将老年人视为被照顾、被保护的对象,降低了老年人社会参与的机会。另外,老年人会根据家人的态度来决定是否参与社会活动。

(3)社会参与渠道少。

目前,我国关于老年人社会参与机制存在盲区,老年人多是通过社区组织或政府才能参与到社会中,这表明老年人参与社会的渠道严重不足,缺乏指引。老年人参与的文体活动、政治活动多是在社区内举行的。

## 33. 老年人可以参加的活动有哪些?

国家为老年人参与社会发展创造条件。根据社会需要和可能,鼓励老年人在自愿和量力的情况下,从事下列活动:

(1)对青少年和儿童进行社会主义、爱国主义、集体主义和艰苦奋斗等优良传统教育。

(2)传授文化和科技知识。

(3)提供咨询服务。

(4)依法参与科技开发和应用。

(5)依法从事经营和生产活动。

(6)参加志愿服务、兴办社会公益事业。

(7)参与维护社会治安、协助调解民间纠纷。

(8)参加其他社会活动。

**知识链接**

影响老年人参与活动的因素主要有：

(1)各种生理功能减退。随着年龄的增加，老年人各种生理功能减退，并出现一些老化现象，如神经组织尤其是脑细胞逐渐发生萎缩并减少，导致精神活动减弱，反应迟钝，记忆力减退，视力及听力也逐渐减退等，运动能力也随之降低。

(2)社会地位的变化。由于社会地位的改变，常使一些老年人产生种种心理上的变化，如孤独感、自卑、抑郁、烦躁、消极等，这些心理因素往往会促使身体老化。

(3)家庭关系。退休后，老年人的主要活动场所由工作岗位转入家庭。家庭成员之间的关系对老年人有很大的影响，如子女对老年人的态度、代沟冲突等，也会对老年人的心理产生影响。

(4)受教育程度。受教育程度、思想意识的培养、道德伦理观念、理想信念等都会影响心理状态。高水平的教育、信念和事业抱负有助于延缓衰老，保持身体健康。

(5)营养状况。为了维持人体组织和细胞的正常生理活动，需要足够的营养，如蛋白质、糖、脂肪、水、盐、微量元素、维生素等都是必需的营养素。神经组织和细胞尤其需要更多的营养。营养不足时，往往会出现精神衰弱、乏力等,对外界事物没有兴趣,甚至产生抑郁及其他精神和神经症状等。

## 34.政府如何保证老年人接受继续教育?

(1)老年人有继续受教育的权利。国家发展老年教育,把老年教育纳入终身教育体系,鼓励社会办好各类老年学校。

(2)各级人民政府对老年教育应当加强领导,统一规划,加大投入。

(3)国家和社会采取措施,开展适合老年人的群众性文化、体育、娱乐活动,丰富老年人的精神文化生活。

**知识链接**

受教育是一项基本人权,老年人受教育的权利不仅受到国家保护,也受到法律保护。老年教育具有引导、助推老年人重新回归和融入社会的支点作用。人之所以为人,主要不在于自然属性、生物属性,而在于社会属性、文化属性。人生步入暮年,是不可避免的自然规律。需要注意的是,老年人仍然是“社会关系总和”的一部分。人的一生是离不开社会关系、人际关系的。从幼年经由青壮年再到老年,都存在社会关系、人际关系。一个人步入老年,其社会关系、人际关系方面自然也会发生变化。老年教育具有引导、帮助老年人实现“再社会化”的重要作用,是老年人重新回归和融入主流社会的有力助推器。

作为一名合格的社会成员,必须学会和掌握通行于社会的基本规范和知识,这是一个社会化的过程。只有学习和具备一定的技术、文化知识,才能在社会生活中畅通无阻,真正融入社会。这就需要老年人继续学习，接受现代社会的新知识、新技能，进行“再社会化”。继续学习、终身学习应运而生，学习型组织、学习型社会等顺势而行。老年教育作为继续教育的重要内容、学习型社会建设的重要方面，帮助老年人学习新知识、掌握新技能，使老年人融入现代生活，在无形中助推老年人“再社会化”。老年教育是继续教育、人生教育的“最后一公里”，不仅是兴趣学习，也是老年人“再社会化”的大通道，更是老年人过好现代生活和晚年生活的必修之课。

## 35. 关于老年人权益保障，政府部门及其工作人员的责任有哪些？

（1）政府部门责任。

不履行保护老年人合法权益职责的部门或者组织，其上级主管部门应当给予批评教育，责令改正。

（2）政府工作人员责任。

国家工作人员违法失职，致使老年人合法权益受到损害的，由其所在单位或者上级机关责令改正，或者依法给予处分；构成犯罪的，依法追究刑事责任。

（3）其他责任。

民政部门及其工作人员在监督管理工作中滥用职权、玩忽职守、徇私舞弊的，对直接负责的主管人员和其他责任人员依法依规给予处分；构成犯罪的，依法追究刑事责任。

**知识链接**

《老年人权益保障法》明确规定，老年人合法权益受到侵害的，被侵害人或者其代理人有权要求有关部门处理，或者依法向人民法院提起诉讼。人民法院和有关部门，对侵犯老年人合法权益的申诉、控告和检举，应当依法及时受理，不得推诿、拖延。

## 36. 处理家庭纠纷时，保障老年人权益的措施有哪些？

家庭纠纷是侵害老年人权益的主要纠纷，《老年人权益保障法》规定，面对家庭纠纷，老年人可以通过以下途径维护自己的权益：

(1)老年人与家庭成员因赡养、扶养或者住房、财产等发生纠纷，可以申请人民调解委员会或者其他有关组织进行调解，也可以直接向人民法院提起诉讼。

(2)人民调解委员会或者其他有关组织调解前款纠纷时，应当通过说服、疏导等方式化解矛盾和纠纷；对有过错的家庭成员，应当给予批评教育。

(3)人民法院对老年人追索赡养费或者扶养费的申请，可以依法裁定先予执行。

**知识链接**

在当前阶段，老年人除了面对家庭纠纷外，同时还会面临家庭暴力事件。面对家庭暴力，老年人可以通过以下途径维护自己的合法权益：

(1)请求损害赔偿。

(2)提起刑事自诉。

(3)重新提起诉讼。对于轻伤害案件，在检察机关的审查起诉阶段，如果被害人表示愿意谅解犯罪嫌疑人的，检察机关也可以不起诉该案，而将案件退回公安机关处理或不起诉处理。当事人对检察机关的调解后悔的，还可以重新提起诉讼。

(4)进行申诉。受到家庭暴力，被害人报警后应当立案侦查。未予立案的，被害人可到检察机关的控告申诉部门进行申诉。

## 37. 侵害老年人权益时，应承担的法律责任有哪些？

(1)干涉老年人婚姻自由，对老年人负有赡养义务、扶养义务而拒绝赡养、扶养，虐待老年人或者对老年人实施家庭暴力的，由有关单位给予批评教育；构成违反治安管理行为的，依法给予治安管理处罚；构成犯罪的，依法追究刑事责任。

(2)家庭成员盗窃、诈骗、抢夺、侵占、勒索、故意损毁老年人财物，构成违反治安管理行为的，依法给予治安管理处罚；构成犯罪的，依法追究刑事责任。

(3)侮辱、诽谤老年人，构成违反治安管理行为的，依法给予治安管理处罚；构成犯罪的，依法追究刑事责任。

**知识链接**

为了保障老年人的权益，社区应积极开展以家庭法律知识及老年人权益保障等为主要内容的法律知识讲座，提高老年人的法律意识，鼓励老年人学法知法用法，以更好地维护老年人合法权益。同时，相关部门要切实加大对老年人诉讼案件的处理力度，支持老年人维护合法权益。

## 38. 养老机构应承担的法律责任有哪些？

养老机构及其工作人员侵害老年人人身和财产权益，或者未按照约定提供服务的，依法承担民事责任；有关主管部门依法给予行政处罚；构成犯罪的，依法追究刑事责任。

**知识链接**

《养老机构管理办法》规定，养老机构有下列行为之一的，由民政部门责令改正，给予警告；情节严重的，处以3万元以下的罚款：

(1)未建立入院评估制度或者未按照规定开展评估活动的。

(2)未与老年人或者其代理人签订服务协议，或者未按照协议约定提供服务的。

(3)未按照有关强制性国家标准提供服务的。

(4)工作人员的资格不符合规定的。

(5)利用养老机构的房屋、场地、设施开展与养老服务宗旨无关的活动的。

(6)未依照本办法规定预防和处置突发事件的。

(7)歧视、侮辱、虐待老年人以及其他侵害老年人人身和财产权益行为的。

(8)向负责监督检查的民政部门隐瞒有关情况、提供虚假材料或者拒绝提供反映其活动情况真实材料的。

(9)法律、法规、规章规定的其他违法行为。

## 39. 其他社会组织和个人应承担的法律责任有哪些？

(1)不按规定履行优待老年人义务的，由有关主管部门责令改正。

(2)涉及老年人的工程不符合国家规定的标准或者无障碍设施所有人、管理人未尽到维护和管理职责的，由有关主管部门责令改正；造成损害的，依法承担民事责任；对有关单位、个人依法给予行政处罚；构成犯罪的，依法追究刑事责任。

**知识链接**

社会组织在服务老年人的过程中，需要立足于社区老年人的基础性需求，按照以公共性为主，兼顾盈利性的基本原则从事运营。简而言之，就是一方面通过市场化的运行方式，发挥专业化的优势，为社区老年人提供满意的服务，实现服务力量与服务要求的有效平衡。这样既可以降低运营成本，同时可以提升服务质量。另一方面，通过组织化的动员方式，发挥社区其他力量比如“五老人员”(老干部、老战士、老专家、老教师、老劳模)的作用，调动老年人参与的积极性，使得服务宣传、日常运营、项目活动嵌入到社区居民的日常生活中，在避免形式化的前提下，最终实现市场化运营和组织化动员的充分结合，促进公共服务的高质量发展，提升居民的幸福感与获得感。

另外，购买社会组织服务的政府相关部门也应加强对其所购服务的日常监管，并应及时收纳相关社区老年人的反馈意见，以杜绝弄虚作假的行为，最大限度利用好相关资金，真正做到取之于民、用之于民。

# 第二章 养老模式

## 40. 我国人口老龄化趋势与特征有哪些？

我国老龄化的特点离不开一个重要背景，即改革开放以来四十多年，劳动年龄人口不断增加，总抚养比持续下降。总抚养比指的是需要养活的老年人和少儿(0～14岁)占劳动年龄人口的比例，换而言之，就是一个劳动年龄人口要支撑多少需要照顾的老人和需要养活的孩子。

目前，我国刚进入老龄化的前期发展阶段。总体来看，少儿的抚养比有所下降，但老年人的比例已经开始上升。从人口的发展趋势来看，1960年开始到2049年，总人口大约在2029年达到顶峰，之后开始下降。但我们的劳动年龄人口早在2012年就已经达到了顶峰，目前已经连续下降好几年。因此，抚养比已经开始上升，即每个劳动人口所需要养活的人数正在上升。根据专家预测，从2018年到2049年，我国人口老龄化呈现出如下特征：

第一，老年人口迎来总量高峰，老龄化程度不断加深。65岁以上老年人口出现两个增长高峰，第一个增长高峰是在2018年～2022年，主要是由于中华人民共和国的首个“婴儿潮”出生人口，在这个时段进入了老龄化时期；第二个增长高峰是在2027年～2038年，是20世纪60年代之后的“婴儿潮”出生人口进入老龄化阶段。

第二，老龄人口结构转变，高龄化现象日益凸显。老龄人口分为80

岁以下的低龄老人和80岁以上的高龄老人。2019年～2038年主要为低龄老人的增长，低龄老人大约占老龄人口的2/3。从2041年开始，高龄老人的数量迅速增长，占比也将快速增大。

第三，劳动年龄人口持续缩减，年龄结构趋于老化。劳动年龄人口分为三类：15～24岁、25～54岁和55～64岁。劳动年龄人口在2012年高峰之后开始下降，但同时还会发生劳动年龄人口中大龄劳动年龄人口（55～64岁）的比例快速增长。到2049年这个比例接近27%，即劳动年龄人口当中55岁以上人数占27%。

**知识链接**

我国人口还呈现人口总抚养比大幅提升，养老负担超过抚幼负担的趋势。老年抚养比和儿童抚养比之间的差距会迅速拉大，抚养负担主要体现在养老上。家庭规模向小型化发展，空巢老人规模快速扩大。1982年家庭人数平均4.41人，到2050年只有2.51人。农村地区下降更加明显，主要是因为农村原本子女多，如今子女数下降快，同时伴随子女流动到城市中去。家庭规模小型化的同时，空巢老人规模在扩大。空巢老人指只有一位老人住，或者只跟配偶住。2050年，有大约10%的家庭是空巢老人独自居住。

## 41. 我国人口老龄化带来的影响与挑战有哪些？

第一，老龄化会对经济增长带来挑战。老龄人口的扩张，加上劳动年龄人口的减少和老化，直接影响劳动力的供给水平。劳动年龄人口当中55～64岁部分占很大比例，按照现行的退休政策，这部分群体大部分要退休。人口结构的老化还会影响到人力资本的质量与积累。由于人口结构老化，老龄群体的受教育水平相对低，而且成长性不如其他群体，容易使我国总体人力资本偏低。同时由于养老负担，我们又不得不把资源投入到老年照料等养老事业上，这又会影响到人力资本的积累以及储蓄的提高。老龄化程度的加深，对储蓄与投资的增长都明显不利。过去数十年，劳动年龄人口占比、储蓄率和资本形成率基本上有相同的发展趋势，2012年劳动年龄人口开始下降，储蓄率和资本形成率的趋势也出现下降。未来随着劳动年龄人口进一步下降，这两方面也可能会随之放缓，对经济增长带来新的挑战。

第二，老龄化会加剧养老保险的财政压力。原有的养老保险是“现收现付”制，近些年在向“统账结合”转轨。“现收现付”指在职人员当期缴纳的养老金，发放给退休人员。这种形式在劳动年龄人口占比很高时金额会很充足。但随着老龄化的发展，在职人员减少，退休人员增多，这会带来资金的压力，因此我们逐步向积累制转轨，实行“统账结合”，即社会统筹与个人账户相结合的形式。这种形式可以减少老龄化的人口结构对养老金带来的影响。但在转轨过程中存在一定问题，出现社会统筹账户隐形债务、个人账户空转等现象。随着生育高峰人口趋于老龄，养老金缺口出现的可能性加大。养老金领取人数迅速增加，养老金交付人数开始下降。如果没有实现完全的积累制，这样的人口结构会影响养老金的充足率。

第三，老龄化加剧老年照料与赡养的负担。身体和认知功能下降的老年人数量不断增加，会带来对老年照料巨大的需求，需要巨大的人力物力。传统上依赖家庭的养老方式，现在由于“空巢”家庭的增加，照料模式很难持续，未来很难依赖子女进行养老。

**知识链接**

我国还面临“少子老龄化”的困境，一方面老年人不断增多，另一方面青少年数量又不断减少。尽管放宽了生育政策，允许生育二孩，但效果并不理想。未来我们还将面临育龄人口下降和生育孩子意愿降低的双重影响。全国调查显示，育龄女性愿意生育的子女个数平均为1.9个，而通常由于面临各种现实约束，实际生育子女数还会低于愿意生育的子女数，这就使得我国子女数会远低于正常替代水平(2.1)。

## 42.我国主要的养老模式有哪些？

2017年国务院印发《“十三五”国家老龄事业发展和养老体系建设规划》(国发〔2017〕13号)提出，到2020年，居家为基础、社区为依托、机构为补充、医养相结合的养老服务体系更加健全。我国主要养老模式如下：

(1)居家养老。和世界上任何国家一样，我国将以居家养老为主。但是，我国家庭规模小型化和“4－2－1”结构家庭日益增多，传统意义上的居家养老模式发生重大变化，需更多借助于社区服务和专业化养老服务机构。其中，长期照料、精神慰藉、临终关怀等老年护理服务蕴含着巨大的社会需求。其优点是符合我国传统的养老习惯和观念，成本低。

(2)机构养老。是指为老年人提供饮食起居、清洁卫生、生活护理、健康管理和文体娱乐活动等综合性服务的机构。其优点在于集中居住便于管理和服务。

(3)居家养老和社区服务相结合。是指在社区建立一个支持家庭养老的社会化服务体系，由社区服务人员提供居家养老的服务，而不是由家庭成员所提供。提供“三助”“两托”“两咨询”服务：助餐、助理、助医；日托及全托服务；法律咨询和心理咨询等。其优点是符合政府养老产业政策，鼓励各种形式资本进入居家养老服务领域；符合大部分老人“养老不离家”的思想。

(4)居家养老与社会服务相结合。由政府购买服务，企业负责运营，是一种居家养老服务提升模式。老人住在家中，由社会来提供养老服务。通过信息平台整合社会资源，根据老年人居住、需求等情况，打造综合服务型、护理康复型、嵌入照护型等各类功能型照料中心，为老年人提供流动健康服务车、紧急救援、家政服务指派、体检康复、送餐到家、上门家政等功能服务。其优点是能够充分整合利用家庭、社区资源，使养老成本大大降低。

(5)医养结合机构。运营方有医疗背景或能整合医疗资源及运营物业，在一定范围内，为长期卧床老年患者、残疾人、临终患者、绝症晚期和其他需要医疗护理的老年患者提供基础护理、专科护理，根据医嘱进行支持治疗、安宁护理，消毒隔离技术指导、老年保健、营养指导、心理咨询、卫生宣教和其他老年医疗护理服务。其优点是投资回报率较高且稳定，医护有保障。

**知识链接**

在我国现有养老模式中，各种模式各有其利弊。各地方具体情况有所不同，因此目前并未有统一的形式。如何选择合适的养老模式，不仅需要考虑到老人，也需要考虑到其家庭或子女经济情况，另外，该地的经济发展水平也对养老模式的形成有重大影响。

## 43. 社区养老的基本内涵有哪些?

社区养老服务是通过政府扶持、社会参与、市场运作,逐步建立以家庭养老为核心,社区服务为依托,专业化服务为依靠,向居家老人提供生活照料、医疗保健、精神慰藉、文化娱乐等为主要内容的服务。

社区养老与传统的家庭养老以及机构养老不同,它是介于传统家庭养老和机构养老之间的一种新的养老模式。本书所述的社区养老以社区居家养老为主。社区居家养老又称为"社区嵌入式养老",以社区为载体,通过政府购买服务引导或支持,以社会化方式的第三方服务提供商嵌入社区中,为本社区或周边附近社区有需求的老年人提供日常生活照料、家庭病床、康复训练、心理治疗等多方面的服务。

**知识链接**

社区养老涉及老年人日常生活照料、医疗保健、精神慰藉、娱乐休闲等方方面面。作为社区养老服务提供方之一,社区应不断完善养老服务的内涵,扩大其服务范围,提升其服务水平。

## 44. 社区养老的内容有哪些?

社区养老服务内容十分丰富,具体服务内容或服务项目需要根据老年人身体、经济、需求等多方面情况,由服务商和老年人及其家人或亲属、监护人共同确定。总体而言,社区养老服务的内容主要包括:生活照料、助餐服务、助浴服务、助洁服务、洗涤服务、助行服务、代办服务、康复辅助、精神慰藉、助医服务、应急服务等。

也可将上述服务项目分为三大类，即生活照料类（含家政服务）、精神慰藉类、社会参与类。生活照料类包括托管、日间托养、送餐、助浴、巡诊护理、康复锻炼、陪送看病、打扫卫生、洗衣、紧急呼叫、家庭保洁、代购代缴、理发等；精神慰藉包括谈心聊天、心理疏导、情感倾诉、读书读报、陪伴、法律咨询等；社会参与方面包括志愿服务、老年旅游、公益讲座、老年大学、文化体育活动等。

**知识链接**

社区养老服务是通过政府扶持、社会参与、市场运作，逐步建立以家庭养老为核心，社区服务为依托，专业化服务为依靠，向居家老人提供生活照料、医疗保健、精神慰藉、文化娱乐等为主要内容的服务。理解社区养老服务内容，有利于快速展开社区养老服务，构建全面的社区养老服务体系。

## 45. 社区养老的优点有哪些？

（1）从节约资源和成本的角度来看，能有效节约社会资源，不需要进行专门的基建大型投资，通常只需把社区现有空余、闲置的房屋略加改造，即可设立社区养老服务中心。且老年人的原有资源也可以得到充分利用，从而节约了社会和个人成本。

（2）从服务内容及方式来看，老年人可以根据自身的经济承受能力、身体状况、时间安排，自由灵活地选择服务的内容、方式和时间。

(3)从老年人的亲情、心理需要及专业照顾的实现来看,社区养老在老年人熟悉的环境下,能得到专业细致的养老照护服务。不会产生陌生感、失落感、压抑感,也不会因此减少来自家庭的亲情关怀与精神慰藉。

(4)从对第三产业的贡献来看,社区养老需要大量的专业养老护理职员、社会工作者、志愿者等,可以积极推动第三产业的发展。

知识链接

相对于其他养老方式,社区养老的优势更加明显。它既可以照顾到老年人独特的家庭文化心理,又可充分利用社区相关资源,同时还有利于扩大老人生活半径,为我国养老服务提供新的发展方向和可能。

## 46. 社区养老中,生活照料服务的内容有哪些?

(1)饮食服务:洗、煮饭菜应干净、卫生,无焦糊;尊重老年人的饮食生活习惯;注意营养,合理配餐,每周有食谱;助餐点应配置适合老年人的无障碍设施,助餐工具应保持清洁卫生,餐具做到每餐消毒;送餐上门应及时,有必要的保温、保鲜设备。

(2)起居服务:协助穿脱衣服和入厕方法得当,老年人无不适现象;衣物整理放置有序;定时为卧床老年人翻身,确保老年人褥疮。

(3)助浴服务:助浴前应进行安全提示,助浴过程应有家属或助老员在场;上门助浴时应根据四季气候情况和老年人居住条件,注意防寒保暖、防暑降温和浴室内通风。

(4)卫生清理服务:协助老年人刷牙、洗脸、洗脚、按摩动作适当,老年人无不适现象,做到老人容貌整洁、衣着适度、指(趾)甲整洁、无异味;定期清洗、更换床单和衣物，无脏污；定时打扫室内外卫生，做到清洁、干净。

(5)代办服务：代换煤气、代办各种手续、代缴各种费用等，应按照老人的要求及时办理。

**知识链接**

生活照料服务事关老人日常生活，直接关系老人的生活质量。评价一个社区养老服务是否优质，生活照料服务是很重要的一项指标。在养老服务体系中，生活照料服务是基础。

## 47. 社区养老中，医疗保健服务的内容有哪些?

(1)预防保健服务：根据老年人需求制定有针对性的预防方案，定期进行上门健康教育和卫生保健服务。预防方案应简明扼要、通俗易懂，便于老年人掌握预防老年病的基本知识并进行基础性的防治。

(2)医疗协助服务：遵照医嘱及时提醒和监督老年人按时服药，或陪同就医；协助开展医疗辅助性工作，开展长期护理服务以及安宁疗护服务。

(3)康复护理服务：遵照医嘱开展康复护理服务，协助老年人正确使用康复保健仪器。

(4)健康咨询服务：通过电话、网络及会议报告或老年学校等方式为老年人提供预防保健、康复护理、营养饮食、心理健康等老年健康咨询服务。

**知识链接**

医疗保健服务事关老人的身体健康，衡量社区养老服务体系是否完善，医疗保健服务质量起决定性作用。社区在构建养老服务体系的过程中，应重点提升医疗保健服务水平。

## 48. 社区养老中，家政服务的内容有哪些？

（1）安装维修家具、家电：门窗、纱窗，热水器、净水器、洗衣机、电脑、灯具等安装维修，应按老年人要求进行，维（装）修后无安全隐患，能正常使用。

（2）清洗服务：清洗换气扇、油烟机、煤气灶类应做到清洗干净、卫生，符合老年人要求。

（3）疏通服务：水池、浴缸、座便器、蹲坑、地漏疏通等应按照老年人要求进行疏通，疏通后能正常使用。

（4）其他家政类服务。

**知识链接**

高效的家政服务能够为老人提供一个舒适的生活环境，提高老人的家庭精神生活和物质生活质量，促进老人生活的稳定与幸福。不断完善家政服务，对于建设社区养老服务体系，具有重要的推动作用。

## 49. 社区养老中，安全守护服务的内容有哪些？

如遇到老年人突发身体不适可直接呼救，服务机构及时提供应急援助服务：

（1）安全设施的安装：安装和调试呼叫器、求助门铃、远红外感应器等设备。

(2)安全隐患的检查和排除:了解老年人家庭设施状况,不定期检查水、气、取暖、降温等设施运行情况,及时排除安全隐患。

(3)应急救援服务:一旦接到老年人求助电话或报警信息,应第一时间内提供应急救援服务。

(4)定位服务:为容易走失的老年人佩带手环、定位仪器等,防止其走失。

**知识链接**

在社区服务中,安全守护服务可以有效为老人构筑稳固安全的生命防线,为老人生命安全提供坚固可靠的保障。构建社区服务体系,安全守护服务是重中之重。

## 50. 社区养老中,精神慰藉服务的内容有哪些?

所谓精神慰藉服务,就是为老年人提供亲情慰藉、聊天谈心、协助交友、节假日或纪念日关怀、日常心理疏导等服务。具体服务形式有邻里结对、老年人互助、志愿者慰问、社区关怀等志愿服务。

(1)精神支持服务:耐心倾听,与老年人进行有效的谈心和交流。

(2)心理疏导服务:掌握老年人心理特点和基本沟通技巧,能观察老年人的情绪变化,进行有效的沟通疏导。

**知识链接**

精神慰藉最关键的部分就是理解性支持,它的核心“营养”是陪伴。简而言之,精神慰藉就是在精神层面给予老人理解性支持,让老人内心生长出力量,这是精神慰藉的目标之一。

## 51. 社区居家养老服务需求识别的内容有哪些？

社区居家养老服务的需求比较复杂，一般从以下四个方向开展服务需求的识别：

(1)需要由以全科医生为主体的服务组织提供服务的情形。为病情复杂、有多种医疗和照护需求的老人提供健康管理服务，提高老年人健康水平；及时诊断与治疗常见的、多发的老年慢性病；及时提供综合性的医疗、康复和护理服务。

(2)需要由以社会工作者、养老机构为主体的服务组织提供服务的情形。为有社会支持、经济资助、精神慰藉、权益保障及暂时失去社会功能这些需求的老人提供一定社会照顾帮扶和支持，寻求经济支持途径；建立以社区照顾服务为基础的老年健康管理体系；进一步丰富老年人的精神文化生活，加强心理关怀服务；维护老年人合法权益。

(3)需要由以康复护理师为主体的服务组织提供服务的情形。为有康复潜能、处于老年病恢复期、需要长期康复护理维护的老年人进行康复训练，提高或恢复功能；进行机体功能训练，恢复或部分恢复机体功能，延缓功能残疾，提高自理能力；提供康复护理服务，延缓功能残疾，减轻痛苦，提高生存质量。

(4)需要由以老年病医师为主体的安宁疗护服务组织提供服务的情形。为临终老人及其家属提供临终关怀、减少老人痛苦，使其有尊严离世；为家属提供心理慰藉和精神支持服务；提高临终老人和家属对“死亡”的认识，坦然面对，做好各项准备；协助老人家属处理好后事。

**知识链接**

识别社区居家养老服务需求，有利于第一时间内快速为老年人提供精准的服务，及时了解到老年人需求，提高工作效率，从而不断提高为老年人服务的综合能力。

## 52. 在养老服务需求中，老年人基本情况评估的内容有哪些？

（1）基本信息

①个人生活史。包括姓名、性别、民族、出生日期、出生地点、教育水平、职业和工作、宗教信仰、婚姻状况、常用语言、重要经历、个人经历的重大事件等。

②家庭信息。包括家庭主要照护者情况、家庭主要成员（配偶、儿女、孙辈、兄弟姐妹及好友）。

③经济信息。包括收入来源、社会地位、财产情况、保险情况、医疗费用、政府补助、支付能力。

（2）一般医学信息

①身体情况。包括身高、体重、血压、血脂、血糖、听力、视力、牙齿（含假牙）、咀嚼吞咽、消化吸收、皮肤病、压疮等。

②疾病情况。包括传染病、精神疾病、慢性疾病、认知障碍等，不限于神经系统、呼吸系统、心血管系统等系统性疾病信息，以及跌倒、失智、失禁、抑郁、帕金森等老年综合征信息，包括病历、诊断报告、二甲以上医院体检报告（七天以内）、康复方案、营养方案等。

③30 天意外事件。包括跌倒、走失、噎食、记忆减退、自杀等。

④用药情况。包括处方药、非处方药、自用保健药、药物过敏史、饮酒量、麻醉药等。

(3)个性特征

①性格特征。包括认知、性格、情绪、思维、行为、与人交往、性取向。

②生活习惯。包括起床、就寝时间,午睡时间,早中晚就餐时间,上下午活动时间等。

③饮食习惯。包括喜欢的食物、不喜欢的食物、过敏食物。

④兴趣爱好。包括喜欢的活动、经常进行的活动、特别不喜欢的活动。

**知识链接**

社区居家养老服务需求评估除了基本信息、一般医学信息、个性特征外,还包括服务需求。具体包括协助要求(如协助行走、协助进食等)、陪同要求(如陪同就医、陪同购物等)、代行要求(如代购物等)、特殊要求(如特殊护理要求、营养要求等)。

## 53. 在养老服务需求中,老年人日常能力评估的内容有哪些?

老年人日常能力评估是指由专业的评估人员,根据国家相关评估规则,对需要接受养老服务的老年人从日常生活活动、精神状态与社会参与、感知觉与沟通等方面进行能力评估,将老年人能力划分为完好、轻度受损、中度受损和重度受损四个等级。

(1)老年人日常生活活动能力评估。日常生活活动是老年人为独立生活而每天必须反复进行的最基本的、具有共同性的身体动作群,包括:进食、洗澡、修饰穿衣、大便控制、小便控制、床椅转移、平地行走、上下楼梯等。日常生活活动是反映老年人健康状况及生活自理能力的重要指标之一,一旦老年人丧失生活自理能力,不仅限制其生活自由,影响生活质量,而且给家庭和社会带来沉重的负担。日常生活活动能力是老年人能力评估最基本的内容。

(2)老年人精神状态与社会参与能力评估。精神状态包括认知功能、行为问题、抑郁症状等方面的表现。社会参与是指老年人与周围人群和环境的联系与交流的能力,包括:生活能力、工作能力、时间/空间定向、人物定向和社会交往能力。

①认知功能包括记忆力、定向力、注意力、判断力等。认知能力对老年人是否能独立生活有重要的影响。因此,用简易方法判断老年人是否存在认知功能障碍,是精神状态评估的一个重要内容。

②行为问题的评估,是因为部分老年人由于疾病、性格改变等原因,可能出现一些异常行为。其中,攻击行为(包括身体和语言攻击行为)不仅会给老年人的安全带来危险,而且还会危及周围老年人及照护人员的安全,对老年护理服务的提供及其管理带来挑战。因此,评估老年人是否有攻击行为,是行为问题评估的关键内容。

③抑郁症状的评估,是由于老年人不但要经历身体功能的老化和各种慢性疾病的侵袭,而且面临退休、丧偶、子女离家等生活事件,容易出现抑郁情绪。患有抑郁症的老年人通常表现为情绪低落、思维迟缓、丧失兴趣、食欲减退、失眠等,不仅影响老年人的日常活动,而且常常导致自杀行为发生,严重危及老年人的生命安全。

④社会参与能力对老年人生活的独立性及其生活质量有较大影响。

因此，对老年人进行能力评估时，除了涉及生理、心理方面的能力外，还应涉及社会能力的评估。

(3)老年人感知觉与沟通能力评估。感知觉与沟通包括意识水平、视力、听力、沟通交流等方面的能力。主要包括以下方面：

①意识水平的评估。意识水平分为神志清醒、嗜睡、昏迷等不同水平，直接影响老年人的活动能力和日常照护需求。

②视力的评估。老年人由于视神经的老化，以及老年性白内障给视力带来一定程度的损害，从而影响其日常生活的独立性。

③听力的评估。听力的下降以及老年性耳聋等疾病，使老年人对周围环境的适应能力下降，从而在一定程度上影响老年人日常生活的独立性。

④沟通交流的评估。老年人能否准确表达出自己的需求和感受，以及能否正确理解他人的话，对其生活有直接影响。因此，感知觉与沟通是老年人能力评估的重要内容。

**知识链接**

经过对老年人日常生活活动、精神状态与社会参与、感知觉与沟通等方面进行能力评估后，将老年人划分为完好、轻度受损、中度受损和重度受损四个等级。具体标准详见下表：

**老年人能力评估标准表**

| 日常生活活动能力 | 精神状态与社会参与能力 | | | | 感知觉与沟通能力 | | | |
|---|---|---|---|---|---|---|---|---|
| | 0分 | 1～8分 | 9～24分 | 25～40分 | 0分 | 1～4分 | 5～8分 | 9～12分 |
| 0分 | 完好 | 完好 | 轻度受损 | 轻度受损 | 完好 | 完好 | 轻度受损 | 轻度受损 |
| 1～20分 | 轻度受损 | 轻度受损 | 中度受损 | 中度受损 | 轻度受损 | 轻度受损 | 中度受损 | 中度受损 |
| 21～40分 | 中度受损 | 中度受损 | 中度受损 | 重度受损 | 中度受损 | 中度受损 | 中度受损 | 重度受损 |
| 41～60分 | 重度受损 | 重度受损 | 重度受损 | 重度受损 | 重度受损 | 重度受损 | 重度受损 | 重度受损 |

## 54. 社区养老未来发展的方向有哪些?

我国养老服务体系建设中需要大力发展社区居家养老,既有宏观原因,也有微观要求。在宏观方面,无论是中国老年人口规模,还是国际发展实践经验,都决定了机构不可能成为我国未来养老的主要承担者。在微观方面,无论是传统文化观念,还是生活习惯,老年人都更倾向于选择在家中养老。大力发展社区居家养老,是顺应老年人需求选择、提升老年人幸福感的必然要求。社区养老产业主要有以下趋势:

(1)社区养老服务业面向全体老年人,重点解决高龄失能和慢性病老年人需求。社区是老年人活动的重要场所。我国在推进城乡社区建设、基层医疗卫生服务能力建设的过程中,下沉到社区的资源非常多。目前,城乡社区普遍具有社区卫生服务中心、服务站,能够满足常见病诊疗、公共卫生等需求;还有社区综合服务中心,包括文体休闲、棋牌阅览、日间照料等各种功能。所以,社区对全体老年人尤其是健康老年人而言,是基本生活环境和活动场所,社区服务要包含老年人健康管理、生活服务、休闲娱乐等功能。

此外,有些老年人的生活范围只能局限于社区范围内,社区养老服务要重点满足特定老年人的需求。一是4000多万失能老人,需要依托社区的居家长期照料;二是约1亿患有心脑血管疾病、癌症、慢性呼吸系统疾病等慢性病老人,需要专业医养结合服务。老年人对健康的需求非常迫切,失能、带病老年人对医养结合、护理型社区养老服务存在刚性需求,对专业服务具有强大的消费需求,所以社区的专业护理和医养结合服务功能亟需加强。

(2)增强社区在居家和机构之间的专业化照护衔接功能。为了使社区养老服务发挥更重要的作用,今后还需要加强社区作为居家养老和机构养老之间的融合衔接功能,实现一种日常居家养老,活动休闲在社区,同时病后、术后的康复过渡和出院支持在社区,失能失智老人入住专业护理机构,康复护理到一定程度又可以回社区甚至居家的模式,即"日常在居家和社区,病后术后回社区;失能失智住机构,护理到位后回社区"的循环模式。这就需要增强社区养老服务作为短期康复护理和出院支持的功能,做好居家和机构养老之间的衔接模式。上海的社区嵌入式养老服务机构包含三种功能:日间照料、短期(2 周～3 个月)托管、长期照料,辐射周边老年人,这种模式与需求的对接非常紧密。

(3)加强社区养老的配套产业体系建设。大口径的社区养老服务业包含了社区周边养老服务的相关配套产业,主要包括以下方面:

一是家政服务业。2017 年,全国家政服务业营业收入达 4400 亿,从业人员规模近 3000 万人。由于家政服务业在需求对象、服务形式等方面与社区居家养老服务业具有较大交集,所以两种产业相互带动、相互促进将是未来发展的主要方向。

二是康复辅具等老年用品产业。我国康复辅具市场尤其是养老服务机构的康复器具配备和家庭使用的康复器具、医疗器械等消费规模呈现逐年上升的趋势。同时,老年生活用品、智能化用品的需求越来越大,与可穿戴、物联网技术相关的,能够增强或替代某些功能的产品需求猛增。但目前相关产品生产、租售市场还亟待开发,如果在社区配置康复辅具租售实体店,能够极大缓解需求无处解决的问题,也能够有效拉动产品消费。

三是人员培训。养老服务业人员匮乏已经成为制约产业发展的痛点,社区则是养老服务人员实训的优良基地,可以采取校社对接的模式,借助现有的社区人才引进政策，加大社区养老服务人员的实训和配备能力，使社区兼具人员培训产业和吸纳人员就业的双重作用。

(4)推动建立“民(资本型)建民(服务型)营”的新模式。伴随人口老龄化态势不断加深和养老服务业发展逐渐升温，众多国有资本、大型民企与外资企业纷纷抢占布局。资本型企业的优势并不是直接提供服务，但又希望在养老服务业的蓝海中探索成长模式。所以，建议实力雄厚的资本型机构只提供资本支持，实现“资本型机构投资、服务型机构运营、广大老年人受益”的模式。同时，为了加快行业发展，也支持服务型机构主动寻求与资本型企业的合作，输出管理经营模式，探索一条“民(资本型)建民(服务型)营”的发展路径，实现优质养老服务机构整体托管社区养老服务的模式，加快品牌化建设。

**知识链接**

除了上述发展趋势外，社区养老还有一个明显趋势，即政府购买服务是扶持和引导社区养老服务业的主要方式。养老服务的市场属性是前期投入大、回收周期长、薄利微利运行。尤其是社区养老服务，贴近广大老年人生活，规模小、收效慢，属于普惠养老政策需要扶持的服务类型。当前，我国尚未在全国范围内实行长护险，养老服务支付主要以自付为主，所以社区养老服务更需要政府的政策扶持以及通过政府购买来覆盖特殊困难群体，同时农村社区养老服务也需要大量的政府购买服务，实现对农村地区失能、困难老年人的基本护理。

各地针对高龄、失能以及困难老年人均推出政府购买服务，但养老服务具有自身特征，需要在政府购买的流程设计、规范标准、监管制度等方面对养老服务的特殊性加以考虑，如购买的服务主体要具有服务经验、服务周期是否有3年等。同时，地方政府的监管制度和实施细则要及时跟进，重点制定社区小型养老机构的认定标准和扶持政策。

## 55. 社区居家养老的特点有哪些？

社区居家养老以社区为平台，整合社区内各种服务资源，为老人提供助餐、助洁、助浴、助医等服务。在我国是老年人住在自己家中或长期生活在社区里，在继续得到家人照顾的同时，由社区的养老机构或相关组织提供服务的一种养老方式。它是介于家庭养老和机构养老之间，利用社区资源开展养老照顾，由正规服务机构、社区志愿者及社会支持网络共同支撑，为有需要的老人提供帮助和支援，使他们能在熟悉的环境中维持自己的生活。社区居家养老具有以下特点：

(1)社区养老吸收了家庭养老和社会养老方式的优点和可操作性，把家庭养老和机构养老的最佳结合点集中在社区。老人的自由程度较高，隐私受到充分保护，吃、穿、住、行等方面可由社区提供帮助，生活比较方便。

(2)社区养老让老人既享有家庭温暖，又能得到同龄人认同，给他们带来归属感与认同感，老年人在其中更容易找到生活的乐趣，是一种“双赢”策略(同时有家人陪伴，与子女之间有互助)。

(3)政府能够提供资助，个人和家庭承担的服务开支较低，节省了一定开支。且还有专业的服务人员上门服务，由社区附近的相关服务人员为老人们提供服务，无论从老人方面来说，还是从服务人员方面而言都是比较方便的。

**知识链接**

由于城市化的不断发展，城市人口老龄化程度更为严重。社区是城市老年人生活和日常活动的主要场所，社区居家养老作为一种新型的养老方式,保留了传统在家养老的形式,利用个人、家庭、社区和社会的力量和资源,向老年人提供就近而又便利的服务,满足老年人养老的心理和物质需求,让老年人拥有稳定、良好的生活状态,减轻其子女的日常照料负担,弥补社会养老机构的不足,能较好地解决老年居民的实际问题,顺应了人口老龄化的客观要求。我国除了传统的居家养老外,还有养老服务机构养老,主要包括社会福利院、敬老院、老年公寓、社会民办养老机构等。

## 56. 社区居家养老的优点有哪些?

(1)降低家庭和社会成本。居家养老模式结合了其他两种养老模式的特点,是对现有社区资源的充分利用。对家庭而言,避免了额外赋闲在家照顾老人以及减免了聘请专业人员的费用,从而减轻了家庭负担,节约了家庭的开支。对社会而言,可以相对减少养老机构的设施建设费用和专业人员的服务费用,从而大大降低了双方的成本。

(2)降低了风险。现代生活成本的提高,让越来越多的子女选择外出工作,形成了家庭“空巢”现象。如果老年人突发疾病,将会对生命造成直接威胁。家庭养老模式下,老年人照料问题日益突出。居家养老模式的优势体现在两方面:一是根据中国传统的“远亲不如近邻”的文化观念,由于社区近邻的多方帮助,他们之间能互相照应,在遇到突发事件时,可以帮助老年人摆脱险境。二是符合老年人的文化心理,减少了老年的孤独感,使老年人的精神有所寄托,体现了老年人独立自主的意愿。在社区生活中,老年人能相互交流、愉悦身心,有利于其身心健康。

(3)社会效益显著。居家养老模式具有明显的社会效益,主要体现在以下方面:

一是有助于社会分工发展。老年人的需求具有多层次,除了基本的衣食住行外,还会涉及专业化养老保险、特殊医疗保障措施、专业护理人员等。随着我国老龄化速度加快,老年人的需求市场逐渐扩大,对社会的再分工有了更高的要求。

二是有助于缓解社会就业压力。随着老年人市场的分工专业化,以及日益扩大的老年人市场,我国养老服务专业人员供需失衡,对专业服务需求与日俱增。以养老护理员为例,全国潜在需求在千万级别,但全国取得职业资格的不足10万人,存在着巨大就业岗位需求。

三是有助于推动社会公益事业的发展。我国有重孝的文化传统,养老事业本身就具有公益性。随着养老志愿服务活动的不断开展,可以加强青少年传统文化教育,推动社会公益事业的进步。

**知识链接**

居家养老还有一个优势,既有效整合了资源,还优化了配置。居家养老模式整合了个人、家庭、社区、政府等方面的资源。个人、家庭和政府主要提供物质养老资源,保障老年人的衣食住行;精神方面需求则主要依赖于家庭和社区提供。同其他养老模式对比,社区服务的加入,使社区资源得到有效的利用,进一步优化了社会养老资源的配置。

## 57. 社区居家养老面临的挑战有哪些？

(1)相关法律法规不健全，尚需进一步完善。由于缺乏相关法律法规的约束和推动，社区居家养老服务主要由政府提供，没有有效带动市场和非盈利机构的积极参与，缺乏市场力量，阻碍了社区居家养老服务的规模发展。

(2)基础设施建设薄弱。目前，市场上所存在的养老服务多由政府和社会组织提供，无论是在数量上还是规模上都不能满足日益增加的养老服务需求；另外，养老服务的准公共产品属性，致使企业提供养老服务数量不足；再次，我国居家养老服务处于发展初期，规模不大，缺乏统一的运作标准，社会影响力不足。

(3)筹集渠道单一，覆盖范围小。目前，我国社区居家养老服务的资金来源主要是政府拨款、财政补贴、慈善捐助、福利彩票等，养老行业缺乏多元化的筹资渠道，也不能保障社区居家养老服务的资金来源。因此，社区居家养老服务只能小范围开展，不能大范围开展，形成规模效应。

(4)服务内容单一，优质居家养老服务供给不足。现阶段，我国的社区居家养老所提供的服务多为照顾老年人的日常生活、帮老年人料理家务、陪老年人看病就医等。不能满足老年人的多样化养老需求，优质、全方位社区居家养老服务的缺乏阻碍了我国养老行业的持续健康发展。

(5)管理经验不足，资源整合弱。社区居家养老服务仍处于发展期。缺乏统一的管理和服务标准，管理水平低下，无法提供优质的社区居家养老服务。

知识链接

任何事物均有其两面性，居家养老也是如此。除了上述问题，居家养老面临的一个突出问题是缺乏专业化的服务提供者。根据我国实际情况，现阶段从事居家养老服务行业的人员普遍缺乏系统化和标准化培训，专业化程度低，且待遇较低，导致大量专业人员不愿进入居家养老服务行业。从某个方面来说，居家养老服务人员的短缺和专业素质较低在一定程度上也限制了社区居家养老服务的发展。

## 58. 机构养老的特点有哪些？

养老机构是社会养老专有名词，是指为老年人提供饮食起居、清洁卫生、生活护理、健康管理和文体娱乐活动等综合性服务的机构。它可以是独立的法人机构，也可以是附属于医疗机构、企事业单位、社会团体或组织、综合性社会福利机构的一个部门或者分支机构。养老机构服务的主要对象是老年人，但某些养老机构（如农村敬老院）也接收辖区内的孤残儿童或残疾人。

机构养老具有如下特点：

(1)具有公益性。公益即“公众利益”之意。公益性事业是指直接或间接地为社会公共经济活动、社会活动和居民生活服务的部门、企业及其设施。公益性企业是指直接涉及社会公共利益领域服务的企业。我国绝大多数养老机构是以帮扶、救助城市“三无”、日常生活疏于照料，以及农村“五保”老人为主，且多不以盈利为主要目的，所以其公益性特征尤为明显。

(2)与其他服务不同的是,养老服务是一种全人、全员、全程服务。所谓"全人"服务是指养老机构不仅要满足老人的衣、食、住、行等基本生活照料需求,还要满足老人医疗保健、疾病预防、护理与康复以及精神文化、心理与社会等需求;要满足入住老人上述需求,需要养老机构全体工作人员共同努力,这就是所谓的"全员"服务;绝大多数入住老人是把养老机构作为其人生最后的归宿,从老人入住那天开始,养老机构工作人员就要做好陪伴着老人走完人生最后里程的准备,这就是所谓的"全程"服务。

(3)服务对象的年龄通常较大,入住养老机构的老人平均年龄在75岁以上。增龄衰老,自然使老人成为意外事件、伤害、疾病突发死亡的高危人群。此外,养老服务业又是一个投资大、回报周期长、市场竞争激烈的高风险行业。如果没有市场意识、经营意识,没有严格的管理和风险防范机制,必然增加养老机构投资与经营风险。

**知识链接**

养老机构的服务宗旨体现在"老有所养、老有所医、老有所乐"。简而言之,养老院机构应在生活照料、医疗救助、休闲娱乐综合方面给予住院的老人以快捷、方便、舒适的一站式全方位服务。让老年人满意、让其子女亲属放心,为政府和社会分忧。我国《老年人社会福利机构基本规范》(2001)要求各养老机构在建院之初都必须明确其服务宗旨,并严格按照所设定的服务宗旨开展养老服务工作。

## 59.机构养老的优点有哪些?

机构养老具有以下几个优点:

(1)社交优势。一般情况下,养老机构会向有参与能力的老年人提供不同的社交选择;在机构中,有很多年龄相仿的老人伙伴,还有比较丰富的休闲活动,比起一直待在家中更有趣。另外,在与子女相处的过程中,老人与子女之间或多或少存在着“代沟”,而在养老院中,由于几乎都是同龄人,基本上不存在代沟问题。而且,同龄人之间会有相似的成长经历以及回忆,很容易让彼此找到话题和共鸣,形成相似的见解而成为知心朋友,从而减轻老人的孤独感。

(2)发展兴趣。生活中,总有很多人拥有爱好,如写作、画画、下棋、垂钓等。老人们这些爱好往往在年轻时因为生活等原因而不可能全身心投入,但是当老人住进养老院,不用再为衣、食、住、行发愁时,就有更充分的时间来发展自己的兴趣爱好。

(3)安全性更高。随着老年人年龄的增加,身体机能的衰退、疾病的困扰等导致无法自理,甚至长期卧床。如果选择在家中照顾,对于老人来说存在着巨大的安全隐患。由于得不到专业的护理,老年人的身体状况可能每况愈下,严重者甚至有并发症的可能性,同时也会让老人感到自责与压力。而专业的养老院则会配备有医护人员日夜陪护,并且常备基本的医疗设施和器材。遇到老年人急病发作,可以第一时间进行救治。

(4)基础设施齐全。在老人占比例极高的加拿大,养老院的修建与设计是相当的合理和科学的,不仅环境优雅,而且还配备了完善的设施与设备。例如棋牌室、活动室,多部电梯等。并且为了保证老年人有足够的锻炼机会和场所，专门配有相对应的运动器材和导师，以满足老年人日常锻炼的需要。与在家中相比，养老院中更加完备的设施不仅让老年人的生活更加丰富，而且还帮助老年人在娱乐的过程中收获一个好心情，促进老年人的身体健康。

**知识链接**

除了上述优点外，还有重要一点，即机构养老有利于培养老人规律的生活。在养老院里，老人每天的生活起居非常有规律。一日三餐十分准时且营养搭配到位，另外活动和休息时间也有人掌握和调节，使得老年人的日常生活十分有利于身心健康，精神面貌良好。

## 60. 机构养老的未来发展方向有哪些？

我国机构养老的未来发展方向将呈现以下四个趋势：

（1）民办民营养老机构将成为发展主体。目前养老机构发展存在着“双轨制”，破解养老机构发展的“双轨制”，促进养老机构的市场化发展是必然趋势。一方面，要大力发展民营民办养老机构，老年人需要的高质量低价格的养老服务有赖于充分的市场竞争。另一方面，要改革目前的公办养老机构。

（2）机构养老服务将与居家、社区养老服务融合发展。机构、社区和居家养老服务一体化发展将是必然趋势。养老机构作为养老服务体系的一部分，在近年来的发展过程中始终处于独立发展的状态，缺乏和社区养老以及家庭养老的融合。但从老年人需求来看，老年人随着年龄的不断增长，身体健康状况不断下降，相较于集中居住的养老机构服务，老年人更希望在熟悉的社区获得连续性、综合性的服务。

(3)小型化、专业化、社区化、连锁化将成为养老机构发展主要态势。从我国老年人养老服务需求和国际养老机构发展趋势看,“就地养老”是大势所趋。另外,国际上许多国家经验表明,无论是从经营管理、专业化角度,还是老年人宜居舒适角度,养老机构规模并非越大越好,床位也不是越多越好,养老机构最佳规模应在300张床位左右。

(4)养老机构医养结合发展将更加紧密,医养结合的模式将会更加多样。未来,医养结合服务将成为养老机构发展的主要方向。医养结合之所以成为养老机构发展的重要方向,一是医养结合服务符合老年人服务需求的特点,二是缓解医疗卫生服务的护理压力。此外,医养结合服务也有利于老年人防范和化解健康风险能力的提高。

知识链接

除了上述趋势外,未来养老机构服务还将更趋亲情化、人性化。随着我国政府对养老服务业的不断重视,民间力量对养老服务业的不断介入,养老服务市场竞争的不断加剧,养老机构发展的模式将逐步走向“集约型”,养老机构会更加注重服务质量,注重服务的人性化和亲情化发展。通过服务质量占领市场,通过亲情化、人性化的服务树立品牌。

## 61. 政府购买养老服务的基本原则有哪些?

(1)坚持需求导向,注重创新机制。以老年人基本养老服务需求为导向,将政府购买服务与满足老年人基本养老服务需求相结合,重点安排与老年人生活照料、康复护理等密切相关的项目,优先保障经济困难的孤寡、失能、高龄等老年人的服务需求，加大对基层和农村养老服务的支持，并逐步拓展政府购买养老服务的领域和范围。立足各地经济社会发展实际，积极探索，不断创新政府购买养老服务机制，改进购买服务的方式方法。

（2）坚持政府引导，培育市场主体。政府要加强对购买养老服务的组织领导、制度设计、政策支持、财政投入和监督管理。充分发挥市场配置资源的决定性作用，将推进政府购买养老服务与逐步使社会力量成为发展养老服务业的主体相结合，与培育专业化养老服务组织相结合，按照公开、公平、公正原则，坚持费随事转，通过竞争择优的方式选择承接政府购买养老服务的社会力量，确保具备条件的社会力量平等参与竞争。

（3）坚持规范操作，注重绩效评估。明确各方责任、权利和义务，建立以项目申报、项目评审、资质审核、组织采购、合同签订、项目监管、绩效评估等为主要内容的规范化购买流程，有序开展工作。加强绩效管理，建立评估机制和动态调整机制，降低成本，提高效率，增强政府购买养老服务的针对性和有效性。

**知识链接**

除了坚持上述三项原则外，政府购买养老服务时，还需要坚持体制创新，完善政策体系。具体而言，就是要做好相关政策的完善和相互衔接，推进政事分开、政社分开，坚持与事业单位改革相衔接，推进管办分离，放开市场准入。凡社会能够提供的养老服务，尽可能交给社会力量承担。要及时总结行之有效的管理办法和政策措施，尽快形成各方衔接配套、操作性强的政府购买养老服务政策体系。

## 62.政府购买养老服务时，应注意的事项有哪些？

政府应积极有序地开展购买养老服务工作，具体而言，就是要做到以下几点：

(1)明确购买主体。政府购买养老服务的主体是承担养老服务的各级行政机关和参照公务员法管理、具有行政管理职能的事业单位。纳入行政编制管理且经费由财政负担的群团组织，也可根据实际需要，通过购买服务方式提供养老服务。

(2)界定承接主体。各地可根据国办发〔2013〕96号文件确定的原则和养老服务的要求，规定承接主体的具体条件。购买工作应按照政府采购法律制度规定，根据服务项目的采购需求特点，选择适用采购方式确定承接主体，严禁转包行为。

(3)确定购买内容。政府购买养老服务内容应突出公共性和公益性，按照量力而行、尽力而为、可持续的原则确定。各地要全面梳理现行由财政支出安排的各类养老服务项目，凡适合市场化方式提供、社会力量能够承担的，应按照转变政府职能要求，通过政府购买服务方式提供方便可及、价格合理的养老服务。要根据养老服务的性质、对象、特点和地方实际情况，重点选取生活照料、康复护理和养老服务人员培养等方面开展政府购买服务工作。

在购买居家养老服务方面，主要包括为符合政府资助条件的老年人购买助餐、助浴、助洁、助急、助医、护理等上门服务，以及养老服务网络信息建设；在购买社区养老服务方面，主要包括为老年人购买社区日间照料、老年康复文体活动等服务；在购买机构养老服务方面，主要为“三无”(无劳动能力,无生活来源,无赡养人和扶养人或者其赡养人和扶养人确无赡养和扶养能力)老人、低收入老人、经济困难的失能半失能老人购买机构供养、护理服务。

在购买养老服务人员培养方面,主要包括为养老护理人员购买职业培训、职业教育和继续教育等;在养老评估方面,主要包括老年人能力评估和服务需求评估的组织实施、养老服务评价等。各地要根据养老服务的项目范围,结合本地经济社会发展水平、财政承受能力和老年人基本服务需求,制定政府购买养老服务的指导性目录,明确服务种类、性质和内容,细化目录清单,并根据实际情况变化,及时进行动态调整。对不属于政府职责范围内的服务项目,政府不得向社会力量购买。

(4)规范服务标准。各地应根据所购买养老服务的项目特点,制定统一明确、操作性强、便于考核的基本服务标准,方便承接主体掌握,便于购买主体监管。购买主体要及时对服务标准的执行情况进行梳理,总结经验,逐步完善服务标准体系。

(5)提供资金保障。政府购买养老服务资金在现有养老支出预算安排中统筹考虑。对于新增的养老服务内容,地方各级财政要在科学测算养老服务项目和补助标准基础上,列入同级财政预算。

(6)健全监管机制。各地要加强政府购买养老服务的监督管理,完善事前、事中和事后监管体系,要严格遵守相关财政财务管理规定,确保政府购买养老服务资金规范管理和使用,不得截留、挪用和滞留。购买主体要严格按照政府购买服务的操作规程,公平、公正、公开选择承接主体,建立健全内部监督管理制度,按规定公开购买服务相关信息,自觉接受社会监督。承接主体应健全财务制度,严格按照服务合同履行服务任务,保障服务数量、质量和效果。服务完成后,购买主体应委托第三方独立审计机构对金额较大、服务对象较多的项目进行审计,并出具审计报告。

知识链接

政府购买养老服务时，除了应注意上述事项，同时还应加强绩效评价。具体而言，就是各地要建立健全由购买主体、养老服务对象以及第三方组成的综合评审机制，加强购买养老服务项目绩效评价。在绩效评价体系中，要更侧重受益对象对养老服务的满意度评价。政府购买养老服务的绩效评价结果要向社会公布，并作为政府选择购买养老服务承接主体、编制以后年度政府购买养老服务项目与预算的重要参考依据，建立承接主体的动态。

## 63. 在社区居家养老服务中，政府承担的角色和职责有哪些？

政府作为社会养老服务的主导者，其掌握的资源主要包括：宏观指导和监督；支持政策和措施；组织机构和组织能力；公共服务和社会福利。政府的职责是政策的制定者、各方利益的平衡者。政府要统筹协调，平衡社会、市场、个人、家庭之间的责任与利益，优化资源配置，以寻求责任、资源和利益的最佳组合，以建立完善的养老服务体系。政府提供养老服务的优势在于资金与资源的有效整合，政府的“理想角色”包括服务确认者、购买者、执行者、监督者和评估者。

首先，政府是养老服务的确定者与购买者，主要履行规划、决策的职责。养老服务供给的先决条件是在本地区确定养老需求、选择非营利组织或营利机构作为合作对象、明确服务内容；对养老服务进行整体规划，在养老服务决策中行使决策权；对养老服务的合作项目进行可行性评估。具体而言，在养老服务的“事前”阶段，政府职责包括对合作可行性、合作标准的制定进行探讨的“议程设立”，以及合作对象选择、服务内容确定的“政策制定”两个层面。

其次，政府是养老服务的执行者，行使服务、执行职责。在“事中”阶段，政府发挥养老服务执行者的角色，提供法律法规、资金、项目、资源等，建立与养老服务机构的有效协商机制。

最后，政府还是养老服务的监督者和评估者。在“事后”阶段，政府扮演监督者和评估者角色，对服务满意度、工作绩效进行考察评估，通过奖惩激励机制，为长期友好合作提供保障。

**知识链接**

除了上述要求外，政府还应强化监督管理。社区居家养老服务的有序健康发展，必须建立科学有效的监督管理制度，加强强化就显得特别重要。“无规矩不成方圆”，如果没有严格有效的监管，相关部门采用投机取巧的方式使用政府补贴，就会导致政府资金和社会资源等方面浪费，因此对于社区居家的养老服务方面的指导和监管，可以发现问题进行有效地处理，促使其可以良性发展，落实在具体的老年人服务方面。

## 64. 政府购买服务的种类及内容有哪些？

从政府职能角度来看，政府购买服务是指政府将公共财政预算中部分社会福利经费用于向社会服务机构购买养老服务，通过公开招标或者资金扶持的形式来履行其公共服务的社会职能。从协议方面来看，在购买居家养老服务的过程中，政府、企业和社会组织分别作为协议双方，针对养老服务的购买工作达成共识。进而由政府部门进行监督引导，企业或者社会组织负责运营并提供具体服务。

政府购买服务的种类通常可以分为竞争性和非竞争性购买两种。竞争性购买的关键在于公开招标、购买程序和购买合同。非竞争性购买则可以分为体制内吸模式及体制外非正式按需购买模式。此外，按照提供服务的社会组织与政府部门之间是否具有独立性，分为独立性购买与依赖性购买。在竞争性、非竞争性、独立性、非独立性四类特征交叉重叠后，出现独立关系竞争性、独立关系非竞争性及依赖关系非竞争性三种常见的政府购买模式。

政府购买社区居家养老服务的对象在全国各地虽然略有不同，但基本涵盖以下人群，包括60岁及以上的特困人员、低保（低保边缘户）家庭老人、社会孤老、计生特殊家庭老人、重度失能老人以及高龄老人等。因此，针对上述老年人而展开的政府购买养老服务，通常以老年人的生活需求为主，主要包括生活照料、陪同就医购物、医疗健康、康复护理、家政维修、精神慰藉、文化娱乐、法律援助等项目。

## 知识链接

在相对成熟的大城市（如北京、上海、广州等），还针对特殊老人建立了探视巡视制度，由相关工作人员定期打电话或上门巡视记录，并有计划地开展陪聊、陪读服务。如何不断完善服务类型，将是政府长期面对的一个重要课题。

## 65.社区医养结合的养老模式有哪些?

(1)社区医院开设社区居家养老服务的医养结合模式。有条件的社区医院往往开设社区居家养老服务,其好处是设备功能齐全,医疗人员配置充分,可以在原来的服务基础上,增加对社区居家老人身体条件、疾病发展、健康档案等方面的延续性,减少社区医院病床的空置率,避免造成资源浪费。

(2)养老机构开设社区居家养老服务的医养结合模式。政府鼓励有条件的养老机构开办相关院室,为周边的老人提供医疗服务,包括家庭养老护理床位。该模式可以整合养老机构资源,当养老机构周边社区老人有需求的时候,只要拨打电话或通过网络联系,养老机构便能收到相关信息,及时指派相关人员来到老人身边,为老人提供基本的医疗服务。而在平时,身体健康的老人则可以来机构享受居家的一切服务,还可以做一些健康方面的基础咨询管理。养老机构可根据具体情况随时作出相应调整,以便及时照顾老人。

(3)社区居家养老服务点与医疗机构签订服务的医养结合模式。该模式比较普遍,因为有的居家养老服务点规模比较小,没有条件增加医疗设备和相关人员,就和附近的医院展开合作,定时定期为老人进行巡诊、健康讲座、健康咨询和慢性病管理,且无需占用医院床位。其弊端在于一旦居家老人遇到突发事件,护理人员难以及时赶到。

(4)社区居家养老服务点自行开展医疗服务的医养结合模式。该模式的前提在于服务站点或驿站面积达到相关标准,且环境评价过关,在此基础上便可增设医务室、护理站甚至康复护理院。通过推行家庭医生、护理人员签约的模式，为社区居家老人提供上门服务，将医疗服务送到家门前，让老人足不出户就可享受到助餐、助浴、助洁等生活照料服务。

(5)养老社区医养融合的医养结合模式。为了实现老年人的个性化，满足部分老人需求，各地出现了一系列高端养老社区。在整个养老社区里，由于社区活动丰富多彩，可以极大改善老年人的生活方式。在充分尊重老人爱好意愿的情形下，为其营造独立、舒适、安全的生活空间。在该模式下，通常是引进大型医疗机构进驻或成立医疗门诊部，全天候为该社区老人提供一站式服务。为失能、半失能、失智的老人打造护理专区。

知识链接

医养模式是由社区延伸到家庭的一种居家上门医疗服务，依托于社区和医疗机构，老人在家就能够接受康复理疗及基础诊疗等服务。将现代医疗服务技术与养老保障模式有效结合，实现了“有病治病、无病疗养”的养老保障模式创新。相较于其他养老机构，首先在床位的数量上较少，它依托家庭，提供上门的医疗，对于那些手术后需要定期复查的老人来说，既提供了专业服务，又提供了便利，极大缓解了医院看病预约难、排队难的问题，老人不仅能够得到及时救治，还给家人和社会减轻了负担。其次，在医疗上更有保障，对于传统居家养老来说，医养结合对于大多数老人的病症都能有效处理，实行可行的措施及方案，保证老人的身心健康。

## 66. 社区医养结合的人员配备有哪些?

“医养结合”就是把专业的医疗先进技术、先进设备和康复训练、日常学习、日常饮食、生活养老等专业相融合。以医疗为保障,以康复为支撑,边医边养、综合治疗。

(1)医护人员。需要有职业医生、护士、康复师、训练师的资质,可以为老人提供个性化的健康服务、疾病诊治和康复护理。

(2)养老护理员。必须持有养老护理员证,或者有机构内为其进行培训的证书,为老人提供社区居家上门照护的护理服务。

(3)后勤保障人员。国家资质认可的消防员、安全员等为社区居家养老提供安全保障;餐饮人员必须持有健康证,能满足老人所需求的饮食个性化;营养师、咨询师、康复理疗师、评估员、社会工作者等相关工作人员都必须有国家认可的资质,满足老年人的多种需求;开展医养结合社区居家服务的管理者,都应具有养老机构或者医疗机构的管理经验,并在工作中持续培训,以满足日益变化的老年人的需求;有条件的社区站点和驿站人员配备需齐全,无条件的可将服务外包,但是需要和有资质的公司签订有效协议。

**知识链接**

在医养结合模式下,除了对医养机构相关服务人员作出规定外,还应对其基本服务、医疗服务、中医药服务、护理服务、健康服务、辅助服务等方面作出明确规定和要求。

在基本服务方面,规定:生活照料服务、膳食服务、清洁卫生服务、洗涤服务和文化娱乐服务等适用《养老机构服务质量基本规范》(GB/

T35796)、《养老机构等级划分与评定》(GB/T37276)等要求。

在中医药服务方面,规定:中医药服务主要为老人提供中医诊疗服务、健康干预、康复服务以及中药煎熬服务。健康干预主要采取按摩、刮痧、拔罐、艾灸、熏洗技术,中药煎煮服务要符合《医疗机构中药煎药室管理规范》要求。

在康复服务方面,规定:康复服务包括物理治疗和作业治疗两大类。其中,物理治疗包括但不限于运动治疗、物理因子治疗等,康复人员需按照《常用康复治疗技术操作规范(2012年版)》。作业治疗包括但不限于:自助具适配、助行器使用、轮椅选择与使用、矫形器制作与使用等,康复人员需按照《常用康复治疗技术操作规范(2012年版)》相关要求为老年人提供作业治疗康复服务。

## 67. 社区医养融合的服务内容有哪些?

(1)生活照料服务。为老年人提供助餐、助浴、助洁、助行、助学、助聊、代购、护理、探望等生活照料,以及喘息照料和失能、半失能老人的护理照料。

(2)康复护理服务。由专门的医护人员为失能失智,以及其他慢性病及康复期的老人提供康复治疗。

(3)健康教育服务。为老人提供疾病预防、营养指导、康复护理、养生保健、药物干预以及健康咨询服务。

(4)健康管理服务。健康档案管理服务包括以下内容:

①个人历史医疗资料的收集、整理、建档包括生活方式、行为习惯、

体格检查、疾病状态等与健康相关的信息资料。个人健康信息资料收集被评估者提供的个人的家族史、健康史、生活方式、膳食结构、体格报告以及相关实验室检查报告。

②个人健康状况动态跟踪和记录包括过去健康状况、曾患病史、现在健康状况、现病史、家族疾病史等状况的演变、警示和全面的动态跟踪与全程的记录与更新维护。

③疾病治疗方案及效果评估存档包括既往病史、现病史的治疗情况与效果评价及调整,促进疾病治疗学上的观察意义。

(5)药物管理服务。由专业的医生和护士为老人常见病的药物疗效、用法、用量、不良反应等进行指导。

(6)疾病疗治服务。提供常见病、慢性病的预防和急救服务,并且在能力范围内不能为老人治疗时可以提供有效转介服务。

(7)临终关怀服务。由专业的医疗人员和护理人员维持临终老人正常的生活状态,缓解老人的疼痛,给予相应的专业指导和全身心的照顾。以及给家属进行心理疏导和专业指导,包括老人病故后的协助处理。

(8)其他服务。根据老年人正常的心理需求和生理特点,提供心理咨询、心理疏导情感陪护等服务。对有特殊需求的老人如不能满足其服务时,可以为其提供转介服务。

**知识链接**

社区医养结合服务组织在为老人提供服务时,要签订医养结合服务协议,严格按照相关的服务流程,做好服务接待、服务评估、服务跟踪、服务记录。随时观察老年人的需求和身体变化,并根据需要进行适当调整和变更服务,每一次都要有记录,服务结束后,要双方签字确认,明确双方的权利、责任与义务。

# 第三章　养老产业

## 68. 我国养老机构的发展现状与趋势如何？

养老机构是社会养老领域的专有名词，指为老年人提供集中居住和照料服务的机构。县级以上地方人民政府民政部门负责本行政区域内养老机构的指导、监督和管理。其他有关部门依照职责分工对养老机构实施监督。养老机构服务的主要对象是老年人，但某些养老机构(如农村敬老院)也接收辖区内的孤残儿童或残疾人。我国养老机构的类型主要有敬老院、福利院、养老院、老年公寓、护老院、护养院、护理院等。

(1)发展现状

我国养老产业尚处于起步阶段，目前还处于初级阶段。以养老床位测算，按照国际通行的5%老年人需要进入机构养老标准，我国至少需要1000多万张床位，而现在只有约550万张，缺口达450多万张。要实现“老有所养、老有所医、老有所教、老有所学、老有所为、老有所乐”的目标，养老产业发展空间广阔。

2019年，我国60周岁及以上人口达2.5亿人，占全国总人口的18%。当下人口问题“迫在眉睫”，我国将进入老年社会。人口老龄化形势严峻的现实，使我们不得不认清现实，做好措施。国家计划生育使中间阶段劳动力短缺，独生子女的精力有限无法照顾好年龄大的父母已成为社会问题，国家鼓励生育，开放二胎政策无法从根本上解决“养老难”

的问题，越来越多的老龄化人群迫切需要解决养老问题。

随着我国人口发展的趋势性变化和家庭模式的多元化发展。在人口老龄化进程加快和人口流动性增强的现实情况下，畅行几千年的以家庭为主的传统养老模式面临严峻考验。为积极应对人口老龄化，有效解决养老问题，中共中央、国务院多次发文，在顶层设计上作出规划和安排。《“十三五”国家老龄事业发展和养老体系建设规划》明确提出了构建和完善“居家为基础、社区为依托、机构为补充、医养相结合的养老服务体系”的目标要求，党的十九大报告进一步强调了“积极应对人口老龄化，构建养老、孝老、敬老政策体系和社会环境，推进医养结合，加快老龄事业和产业发展”的重要性。2019 年中国各类养老机构和设施数量达 20.4 万个，较 2018 年增加了 3.6 万个，同比增长 21.4%。

(2)发展趋势

未来我国养老机构的发展将呈现以下五个趋势：

①民办民营养老机构将成为发展主体，养老机构的市场化趋势将会更加明显。

②机构养老服务将与居家、社区养老服务融合发展。随着我国养老服务的快速发展和养老服务网络的不断建立完善，机构、社区和居家养老服务一体化发展将是必然趋势。

③小型化、专业化、社区化、连锁化将成为养老机构发展主要态势。未来的养老机构将更加社区化，即依托社区发展养老机构，通过小型化、连锁化经营来获取市场份额、提高市场竞争力。

④养老机构医养结合发展将更加紧密，医养结合的模式将会更加多样。

⑤养老机构服务更趋亲情化、人性化发展。

知识链接

我国养老产业需求分析：

(1)我国老年人口呈快速增长趋势，提供了庞大的潜在老年消费市场。随着我国在20世纪50年代、60年代出生高峰的人口即将进入老年，我国人口老龄化速度将进入快速发展时期。

(2)老年人口的消费潜力相当可观。根据预测，2050年我国老年人口将达到4.8亿；2014年至2050年间，老年人口消费潜力将从4万亿元增长到106万亿元，占GDP比重将从8%增长到33%。

(3)养老金融工具需求日益迫切。目前75%的中国老年人口拥有住房，但现有住房是按照年轻型社会的需求建造的，缺乏适老性设计。

(4)老年人消费观念转强。部分老年人的消费观念已由被动走向主动，且在市场上相当活跃的部分55岁以上的新老年人，其消费观念已经不同于传统的老年人，因此这部分老年人将是推动今后老年市场发展的主要力量。

## 69. 我国养老机构未来的发展方向有哪些？

当前，我国正在进行的新一轮医药卫生体制改革为老年医疗服务体系的改革创新奠定了良好的基础。新医改通过“强基层”和实行全科医生制度，已经初步建立了一支基层全科医生队伍。目前，医改正在重点推进分级诊疗体系建设，通过加强基层和大医院之间的上下联动，建立合理的就医秩序。在“互联网＋”战略之下，大数据和互联网技术在医疗服务方面的应用也在不断加强。

2015 年 11 月，国务院通过了《关于推进医疗卫生与养老服务相结合的指导意见》，为老年医养结合体系的建设指明了发展方向。要进一步提高对改革创新老年医疗服务体系重要性的认识，将建立适合老年人特点、满足老年医疗服务需求的医疗服务体系作为医改的一项重点任务来抓。其主要思路和目标如下：

(1)构建以全科医生团队健康管理为基础、老年病综合诊疗为支撑的老年分级诊疗体系。加强基层全科医生在老年健康管理方面的作用，使其成为老年人的“健康守门人”是建立整个老年医疗服务体系的基础。全科医生要与上级医院的老年科以及老年病专科医院建立紧密的合作关系，在上级医生的专业化指导下进行老年病的初步诊疗和管理，必要的情况下将老年人转诊到上级医疗机构。针对老年疾病的复杂性，强化三级医院的老年病诊疗能力，打破学科和专业壁垒，为老年人提供连续性、全方位、多层次的综合诊治服务。

(2)构建从诊疗到康复护理衔接流畅的连续性老年医疗服务体系。加强综合医院、专科医院、老年医院、康复医院、社区医疗护理机构、养老院之间的服务衔接。通过设立明确的诊疗、护理、康复服务标准，优化各类机构的功能，形成分工合作系统。通过调整医保支付范围和标准，为老年人在各类机构接受服务提供资金保障。

(3)构建多层次、多形式的医养结合体系。加强基层医疗卫生机构的康复、护理功能，鼓励为居家老年人建立家庭病床，提供上门服务。养老机构可以通过内设医疗机构或与医生签订服务协议等形式为老年人提供医疗服务，也可以通过与各类医疗机构建立合作关系，满足老年人的健康和就医需求。鼓励社会力量举办多种类型的医养结合机构，形成规模适度、综合连续的医养体系。

(4)构建以大数据和互联网为基础的老年医疗服务新模式。搭建以大数据为基础的老年医疗服务平台、深化以信息共享为支撑的老年医疗服务机构间的内部协同、实现以数据开放为基础的多元化创新、保障以数据交换标准化为基础的老年医疗数据流动。通过信息技术手段的应用,为老年人提供更为方便、有效、主动、全面的医疗服务。

(5)构建医保、学科、人才等多维度的老年医疗服务配套支撑系统。改善老年医疗服务是一个系统工程,需要加强学科建设、培训专业人才、调整医保政策等多方面的支撑,必须围绕目标加强政策联动。

知识链接

养老机构的改革,首先要符合当地实际。从养老服务的体系来看,养老服务行业是一项系统工程,养老机构在坚持改革的同时,应始终坚持以当地政策为指导,以市场效益最大化为导向,不断改进各项服务措施,提高完善服务质量。

## 70. 我国养老一体化发展的制约因素有哪些?

(1)老年群体养老观念滞后。由于老年群体受“落叶归根”和“养儿防老”等传统观念影响,他们普遍倾向于居家养老,同时也给普通的4—2—1型的家庭带来巨大压力。另外异地养老切割了老人熟悉的人际关系和社会环境,增加了老人的孤独感、失落感,从而降低老年群体对于异地养老的实际需求,客观上成为老年群体选择异地养老的障碍。

(2)社会保障制度存在区域性壁障。由于省际、地区间社会保障制度固有的差异,老年群体的社保信息无法异地共享,这是老年群体异地养老生活的首要难题。经调查,许多有异地养老意愿的老人考虑到医疗费用异地结算的难度而放弃异地养老。尽管近年长三角部分地区已逐渐实现医保异地结算、养老金转移提取等功能，但是尚未普及、手续烦琐、对接不畅、结算滞后等也是让老年人苦恼的现实性难题。另外，由于老人身体健康的脆弱性，异地养老必须搭配完善的医疗和养老体系，但目前我国大部分地区在医养融合配套运作上尚有欠缺，无法及时地为异地养老的老人提供优质养老医疗服务。

(3)社会养老机构服务质量参差不齐。老年群体选择异地养老追求的是高品质的养老生活，但是我国养老机构质量参差不齐导致老年群体不断“流动养老”以追求满意的养老服务，这归究于大多养老机构只重视硬件设施而忽略专业化服务人员的配置。服务人员的专业化决定了养老机构的服务质量水平，当前养老机构服务质量不高源于两个方面，一是各省市缺乏对养老服务人员的专业化培训与考核，二是养老服务的回报率相对较低，导致专业人才不愿投入服务业，从而导致养老服务队伍专业化程度不高。另外，不规范的养老机构会降低整个养老市场运行效率，阻碍异地养老市场的可持续性发展，限制区域养老一体化发展机制的运行。

(4)区域间老年人口信息共享不畅。老年群体异地养老首要解决的就是异地就医问题。当前，我国大部分地区缺乏统一、开放共享的老年人口信息管理系统，老年人的户籍信息、医疗健康、服务需求等信息无法及时、全方位地在区域间共享，不利于地域间、机构间的信息互联，严重影响了异地养老的推进。

**知识链接**

破解我国养老一体化困境，可以采用以下方法：

(1)积极转变老年人的养老认知观念。异地养老作为一种新型养老模式，推动其发展首先需要转变老年群体传统的居家养老理念。政府、社区要联合社会组织加强异地养老模式的宣传，引导老年群体、家庭转变养老观念，采纳吸收新的养老模式，自主接受异地养老，改善老年群体的生活质量，加快建立异地养老机构与老年客户之间的信任，扩大异地养老市场，推动区域养老一体化发展。

(2)加强社会保障制度的区域性融合发展。2018年，长三角地区率先开通异地就医门诊结算，极大地推进了异地养老的发展，但是不同地区社会保障的扶持力度和覆盖范围仍存在差异，这需要经过区域统筹再过渡到全国统筹的缓慢过程。因此，不断加强社会保障制度的区域性融合发展，突破地区之间异地养老的医疗和社会保障制度壁垒，才能从根本上解决老年群体异地养老的后顾之忧。

(3)培养专业型养老服务人才队伍。提升养老机构的服务质量关键在于培养专业型养老服务人才队伍，要求不仅掌握养老服务、医疗护理等专业知识，同时还应具备老年群体心理沟通和疏导技能，以及懂得组织策划老年人需要的娱乐活动。打造专业型养老服务人才队伍，需要做到：一是地区加强人员专业化培训和考核；二是政府加大对养老服务机构的扶持，提升工作人员的福利待遇，鼓励院校对老年护理专业人才的培养。

(4)搭建长三角区域异地养老服务平台。为了促进各地区老年群体信息共享，必须要有完备的网络信息平台做桥梁，区域间及时上传老年人的户籍信息、医疗健康、服务需求，区域间老人信息公开共享，进一步完善异地养老网络平台建设，增强异地养老服务供需对接的准确性和及时性，提升异地养老服务质量。

## 71. 我国养老产业发展现状如何?

(1)定义及分类。据国家统计局2020年颁布的《养老产业统计分类(2020)》定义,养老产业是以保障和改善老年人生活、健康、安全以及参与社会发展,实现老有所养、老有所医、老有所为、老有所学、老有所乐、老有所安等为目的,为社会公众提供各种养老及相关产品(货物和服务)的生产活动集合,包括专门为养老或老年人提供产品的活动,以及适合老年人的养老用品和相关产品制造活动。我国养老产业可分为养老地产、养老金融、养老服务、养老用品四大类。其中,养老服务又包括旅游娱乐、教育社交、医疗健康、护理服务、咨询服务;养老用品包括保健食品、老年服饰。

(2)我国养老产业市场现状分析。在国家对养老重视程度不断加深的环境下,2012年到2020年我国养老产业市场规模不断壮大,年复合增长率超过12%。2020年我国养老产业市场规模达7.4万亿元,相较2019年同比增长7.25%。2012~2019年,全国养老服务机构数量由4.8万个增长至20.4万个。截止到2020年6月,全国养老服务机构增加至22万个。我国养老机构床位整体呈稳步增长趋势,从2010年的417万张增至775万张。截至2020年6月底,全国养老机构床位有大约790万张。

(3)我国养老产业模式结构分析。我国推行的养老模式主要为"9073"模式,即90%的老年人由家庭自我照顾,7%享受社区居家养老服务,3%享受机构养老服务。2020年,我国的养老模式结构为居家养老占市场份额96%,社区养老占3%,机构养老占1%,距离国务院提出的"9073"模式结构尚有差距。全国养老服务机构数量连年上升,但是相对于市场需求而言还有上涨空间。另外，目前养老市场呈现两极分化趋势，一种是高端养老地产项目不符合多数人群需要，另一种是当前大部分养老机构交通不便，服务质量不高，难以满足老年人对中档养老机构的需求。因此，面对消费升级的变化和健康需求的转型，更需要多样化、专业化、针对性的市场开发，机构养老数量及质量尚待发展。

知识链接

未来十年内，我国养老产业需求将迎来井喷式增长。随着社会的发展、医疗水平的提高，人口老龄化已成为大众不得不接受的一个现实。我国自2000年以来，就进入老龄化社会。近年来，我国人口老龄化程度持续加深。2020年年底，我国65周岁及以上人口已达1.76亿，占总人口的12.6%。而根据第七次人口普查结果，2020年中国65岁及以上的人口约有1.91亿，占总人口的13.5%。我国老年人口数量逐年增长，我国养老服务市场潜在的需求空间异常广阔。

## 72. 我国东部发达地区的养老一体化发展现状和启示有哪些？

我国东部发达地区养老一体化发展主要以长三角养老一体化发展和京津冀养老一体化发展为典型，代表了我国目前养老一体化的发展水平和最新方向。

(1)长三角养老一体化发展现状和启示

①长三角养老一体化发展现状

第一，长三角人口老龄化发展趋势。我国当前人口老龄化正快速发展，长三角地区作为我国经济社会发展的先行地区，人口转变最早，进入人口老龄化阶段的时间也最早。1979 年，上海 60 岁及以上老年人口占总人口的比重已超过 10%，进入人口老龄化阶段，比全国早了 20 年。从长三角地区常住人口老龄化的分布来看，2010 年人口老龄化程度呈现“中部高，南北两端低”的特点，中部地区人口老龄化整体水平较高，老龄化水平最高的是南通、台州、巢湖等中部地区，最低的是江苏北部、安徽北区、浙江南部的一些地级市。从老年人口规模来看，绝对数最高的是上海、南京、杭州、宁波等城市。老年人口总规模与人口老龄化水平空间上并不一致。苏州、南京等城市人口老龄化水平较低，主要是因为有大量外来年轻人口的流入，缓解了当地户籍人口老龄化的水平。2010 年—2015 年，长三角三省一市常住人口老龄化各项指标的增长速度，除了 80 岁及以上老人占老人总数的比例之外，均低于全国平均水平；高龄人口增速接近全国水平，80 岁及以上老人占总人口和占 60 岁及以上老年人口的比例提高的百分点都快于全国，而高龄老人是需要较多照护护理的人群，高龄化的发展，必将带来养老服务压力的提高。

第二，长三角人口老龄化的特点。长三角地区人口老龄化发展中呈现出以下特点：长三角地区已经进入人口老龄化加速发展阶段，老龄化速度超过常住人口增速与全国人口老龄化增速；低龄老人规模的增长远超高龄老人，人口老龄化过程中出现了低龄老人比重提高的特点；长三角三省一市由于经济发展程度有差别，有些省市是人口流入省市，如上海、江苏和浙江；而有些省市是人口流出省市，如安徽。因此人口流入省市常住人口老龄化程度低于户籍人口老龄化程度，而人口流出省市常住人口老龄化程度高于户籍人口老龄化程度；户籍人口老龄化程度省市间差距较大，上海程度最高增速最快，安徽最低，而江苏浙江较为相近；人口寿命延长伴随居住方式变化导致纯老家庭和独居老人比例增加，失能半失能比例也在上升。

第三，长三角养老服务业发展的基本情况。长三角养老服务业的发展，呈现出多产业融合、多主体参与、多业态整合、多渠道融资、多机制运作、品牌化经营和园区化发展等特点。长三角区域内的交通十分便捷，人口流动性很大，老年群体旅居养老、随迁养老等多种类型的异地养老现象非常普遍，许多养老机构已经实现或者正在布局跨省市的经营管理一体化。随着养老机构跨省市的运营，管理人员和服务人员跨省市工作，服务标准和服务水平也要求逐渐统一，提升了一些地区的养老服务水平，并发展出一种养老机构的创新发展模式——跨地区旅居式养老。此外，医疗服务合作也体现在养老机构的项目实践中。在老龄化速度的急剧加快的背景下，护理人员的数量和质量呈现出明显的薄弱状态，科技助力养老是对养老行业的一大突破，也是未来的发展方向，一些开展养老信息服务的企业已经在跨省市提供技术服务。

②长三角养老一体化发展启示

长三角地区经济相融，地域相连，交通便利，人口密度高，人口流动频繁，资源禀赋各有特色，三省一市共同面临人口老龄化压力，老年人口规模庞大，比例较高，社会养老负担沉重，通过养老服务业区域合作的推进可以更充分地实现地区间的资源整合、优势互补。因此加强区域合作成为破解养老产业难题的重要途径。从另一个方面来说，长三角养老服务业合作与发展的进程也与三省一市地方政府之间的交流协作密不可分。各地政策之间长期的交流借鉴、相互学习使长三角养老服务业合作与发展的具备了良好的政策基础，《长江三角洲一体化发展三年行动计划》也纳入了养老合作的相关内容。因此，其他各地应积极借鉴长三角养老产业发展经验，加强地区间的合作交流，积极出台相关的优惠政策，为本地养老产业一体化发展提供良好的政策环境。取长补短，互利互惠，以推动本地养老服务业健康有序发展。

(2)京津冀养老一体化发展现状和启示

①京津冀养老一体化发展现状

第一，京津冀地区人口老龄化加剧。近年来，京津冀地区存在老龄化不断加深的问题。2019 年北京 65 周岁及以上人口 246.0 万人，占总人口的比重为 11.4%，上升 0.2 个百分点。天津 65 周岁及以上人口 181.33万人，占总人口的比重为 11.6%，上升 0.7 个百分点。河北 65 周岁及以上人口 1017.32 万人，占总人口的比重为 13.40%，上升 0.63 个百分点。

第二，京津冀地区养老床位增加。近年来，京津冀地区大力发展养老产业，养老床位不断增加。2019 年，全国共有注册登记的养老机构 34000 余个，比上年增长近 20%，床位 438.8 万张，比上年增长 15.7%。京津冀地区养老机构床位数 36.7 万张，比上年增加 4.4 万张。其中，河北养老机构床位最多达 20.1 万张，比上年增加 3.2 万张。北京养老机构床位 10.9 万张，比上年增加 0.4 万张。天津养老机构床位最少为 5.7 万张，比上年增加 0.8 万张。2019 年，北京每千老年人口养老床位数最多达 33.5 张，河北、天津每千老年人口养老床位数分别为 29.1 张、23.4 张，低于全国平均水平。与上年相比，北京、天津每千老年人口养老床位数分别增加 2.4 张、1.2 张，河北每千老年人口养老床位有所减少。

第三，政策支持。京津冀区域的人口老龄化是绕不开的现实难题，按照区域统筹的思路寻求养老服务资源配置成为现实所需。目前，京津冀地区地理相连，人文相亲，具有养老服务业协同发展的优势。据悉，相对于北京和天津而言，河北省的土地价格、人工成本和消费支出相对都比较低廉，有利于缩小机构服务成本和老人支付能力之间的差距，使京津老龄人口转向河北养老成为可能。因此，京津冀三地提出协同养老。

为推进京津冀养老服务协同发展，满足三地老年人养老服务需求，近年来，京津冀三地在养老服务协同发展的体制机制创新方面积极探索，相继出台了一系列政策和措施。三地有关部门签署了《共同推动京津冀民政事业协同发展合作框架协议(2015—2020)》《京津冀养老工作协同发展合作协议》《医疗卫生计生事业协同发展合作框架协议》等一系列合作文件，旨在打破京津冀地区的户籍限制、行政阻力和地方保护主义，努力让京津冀地区老人异地养老无障碍。

《京津冀民政事业协同发展合作框架协议》《京津冀养老工作协同发展合作协议(2016年—2020年)》等相关规划和政策出台，统筹建设特色养老服务片区，重点加强由基本养老功能衍生出的养老产业协同和相互输出，引导京津社会资本向河北养老服务领域流动，并设立京津冀养老服务协同发展试点机构，按照"养老扶持政策跟着户籍老人走"原则，逐步实现三地老人异地养老无障碍。

②京津冀养老一体化发展启示

第一，尊重市场规律，形成多元共赢的保障体系。推动京津冀养老一体化，要坚持以市场化为主导方向，充分发挥市场在资源配置中的决定性作用，逐步形成多元共赢的组合模式和保障体系。在推进养老一体化进程中，京津冀积极面向市场寻求适合并能够满足自身养老需要的养老服务和方式；激励养老经营实体主动探索养老服务新模式和新需求，加大创新投入、增强创新能力，开发各类新型养老服务品种，以满足多元化、多层次的养老市场需求；鼓励各类养老服务机构合作开发三地养老市场，避免恶性竞争和无序发展，积极探索各类加盟制、会员制，运用联合经营、连锁经营等方式，共同推进三地养老服务一体化发展。

第二，发挥助老类社会组织作用，推进养老一体化进程。京津冀地区进一步完善政府购买服务机制，通过政府购买养老服务推动养老服务供给主体多元化，鼓励助老类社会组织参与养老服务。支持养老类社会组织建立智能化养老服务平台，发展“互联网＋养老服务”模式，切实提高该地区的养老服务质量和水平。

第三，整合现有养老资源，打造多层次的一体化养老服务体系。从实际情况来看，京津冀三地养老资源方面存在分散、差异较大等问题，三地根据养老一体化要求，不断对现有养老资源进行整合。具体表现在以下方面：一是对京津冀三地现有养老资源进行全面梳理和统计，掌握三地现有养老资源状况；二是在层次、规模和类型等方面对现有养老机构进行划分，同时保持各自特色；三是对现有养老资源进行系统整合，从地域、服务对象、服务需求等方面区分出不同老龄群体的不同养老需求，对养老资源进行有针对性的布局与配置。

第四，积极运用大数据、云计算等最新技术手段，为养老一体化提供技术支撑。京津冀地区经济发展程度不同、人口分布不均，居民文化教育程度不同，导致养老需求存在较大差异。为了推进养老一体化，提高整个区域养老服务水平，京津冀地区将大数据、云计算等现代技术与养老服务深度融合。找准大数据等现代技术与养老服务的契合点，广泛应用现代科技及网络手段，建设养老一体化数据库，以先进的科学技术为三地养老一体化提供保障，进一步提高了养老一体化发展的科学性和有效性。

**知识链接**

推进我国养老一体化发展，其中最重要一点是切实发挥政策的导向作用，引导相关部门协调联动，确保养老一体化深度发展；发挥政策在养老项目、资金、资源配备及相关软硬件建设上的支持作用，吸引更多的社会力量投入养老事业发展。同时，确保政策的稳定性和连续性，更好地发挥政策的保障作用。

## 73. 我国养老产业发展的优势有哪些?

(1)养老地产潜力巨大

2010年末,全国城乡部分失能和完全失能老人约3300万,其中1080万老人完全失能,预测到“十二五”末期,部分失能和完全失能老人将达4000万,其中大部分需要在养老机构养老。机构养老的特点是养老服务由专门的机构提供,机构内拥有适宜老年人身体保健、生活起居和医疗健康等设施条件,服务人员都是职业化、专业化的专门人才,能够为不同类型、不同需求的老年人提供专业化的生活照料和医疗护理服务,使老年人得到较为集中和良好的照顾。同时,机构养老还能为老年人建立与同辈群体交流的平台,有益于老年人的身心健康。受传统孝道文化的影响,大多数子女和老人都愿意在熟悉的家园养老,希望通过社区照顾来安享晚年。

社区作为一个养老平台,根据老人的多样需求通过市场化运作来提供相应服务,不仅能降低养老成本、满足“故土难离”的情感,而且还能使老人不脱离社会,充分有效地配置资源,使养老受益最大化。近年来,新型养老住宅应运而生,这是在现代住宅小区的开发过程中,置入养老元素,增强住宅小区养老功能附加值,是一个具有养老特征的新型社区。它的特点是房屋设计和布局根据老人的身体状况进行,如采光、电梯、无障碍设施等,小区内有专门为老人建造的休闲娱乐场所,小区中还安排一定比例可分可合的组合户型,用来满足老人与儿女同住但不同屋的需求,小区内还有专为老年人生活、健康提供的家务服务和医疗服务,都由专业人员组成。

(2)养老产品市场巨大

2009年,全国老年人离退休金近9千亿元,其中大部分都用来购买养老产品服务。据预测,老年消费占总消费比重从2010～2050年将增长近9.5倍,这表明我国老年群体已经形成一个相对富裕的阶层,对养老产品如护理服务、专业护理人员、老年用品、旅游、文化娱乐和保健产品等需求将日益增多,推动养老产品市场更加细分和完善。例如,老年保险产品出现了终身健康保险、看护保险和年金资产代管等保障老年人身体、生活等服务需求。有越来越多的专业人员、保姆和钟点工等介入老年人的日常生活照料,提供专业的护理服务。

精神慰藉和临终关怀服务也出现在经济发达、观念开放地区,这些都在改变和提升着我国老年群体的生活质量和幸福指数,使老年人的个性需求得到了满足。

此外,养老产业还是一、二、三产业的集合,不仅带动、整合三大产业资源的长效配置,形成新的经济增长点,而且对上下游产业如建筑、食材、服装、纸尿裤等行业具有显著的经济联动效应。随着养老产品的不断开发和丰富,养老产业链也将逐步形成和完善,养老产业必将产生巨大的辐射带动效应,成为未来重要的经济支撑点。

知识链接

在我国,养老产业有别于养老事业。前者是从产业经济学视角,依据市场机制运营,以满足老年人生活多样化、高层次需求为目标,由私人部门提供,具有营利性特征的产业概念。而后者则单纯由公共机构提供,面向特殊群体的,具有非盈利性养老服务特征的社会福利工作,属于政府提供公共产品、公共服务的范畴。目前,养老产业涵盖以下六个方面:

(1)养老地产。如老人住宅、老人公寓、养老社区等。

(2)老年保险产业。如养老保险、医疗保险、终身保险、看护保险、特殊医疗保险等。

(3)生活服务。如保姆、钟点工等提供的家政服务,专业医护人员提供的保健护理服务,陪聊、陪护的上门服务等。

(4)医疗保健器械用品。如轮椅、助听器、拐杖、多功能便池、多功能床垫和测压器等保健器械。

(5)文化娱乐服务。如旅游、老年大学、各种文体健身活动和心理咨询等。

(6)其他相关产业。如老年人生活用品开发和销售等。

## 74. 我国养老产业的细分领域有哪些?

依据《中华人民共和国老年人权益保障法》和党中央、国务院关于发展养老产业的决策部署,以《国民经济行业分类》(GB/T4754—2017)为基础,制定养老产业分类,将我国养老产业划分为12个大类。分别如下:

(1)养老照护服务:包括居家养老照护服务、社区养老照护服务、机构养老照护服务。

(2)老年医疗卫生服务:包括老年预防保健和健康管理、老年人疾病诊疗服务、老年康复护理服务、安宁疗护服务、其他未列明老年医疗卫生服务。

(3)老年健康促进与社会参与:包括老年体育健身服务、老年文化娱乐活动、老年旅游服务、老年健康养生服务、老年志愿服务。

(4)老年社会保障:包括老年社会保险、老年人社会救助、老年人慈善服务、老年人社会福利、养老彩票公益金服务。

(5)养老教育培训和人力资源服务:包括养老教育和技能培训、老年教育、养老人力资源服务。

(6)养老金融服务:包括老年商业保险、商业养老保险、养老理财服务、养老金信托、养老债券、其他养老金融服务。

(7)养老科技和智慧养老服务:包括养老科技服务和智慧养老服务。养老科技服务主要包括养老科学研究和试验发展、养老科技推广和应用服务、养老产品质检技术服务。智慧养老服务主要包括互联网养老服务平台、养老大数据与云计算服务、物联网养老技术服务、其他智慧养老技术服务。

(8)养老公共管理:包括政府养老管理服务、养老社会组织服务。

(9)其他养老服务:包括养老传媒服务、老年法律服务和法律援助、养老相关展览服务、老年婚姻服务、养老代理服务、其他未列明的养老服务。

(10)老年用品及相关产品制造:包括老年食品制造、老年日用品及辅助产品制造、老年健身产品制造、老年休闲娱乐产品制造、老年保健用品制造、老年药品制造、老年医疗器械和康复辅具制造、老年智能与可穿戴装备制造、老年代步车制造。

(11)老年用品及相关产品销售和租赁。老年用品及相关产品销售,包括老年营养和保健品销售、老年日用品及辅助产品销售、老年保健用品销售、老年文体产品销售、老年药品销售、老年医疗器械和康复辅具销售等。老年相关产品租赁指为满足老年人基本生活、休闲娱乐、文化体育等需求而提供的各种产品出租服务,包括养老机构、城乡社区提供的康复辅助器具等老年相关产品的租赁、回收等服务。

(12)养老设施建设:包括养老设施建设、改造及装修维修、住宅适老化及无障碍改造、公共设施适老化及无障碍改造。

知识链接

政府养老管理服务是指国家及各级民政、教育等部门对养老机构、老年学校安全等管理的活动和其他养老相关的管理和服务活动，如养老机构服务质量监管和老年用品的质量监管，包括研究建立长期照护服务项目、标准、质量评价等行业规范，完善居家、社区、机构相衔接的专业化长期照护服务体系，完善全国统一的老年人能力综合评估标准，统一开展老年人能力综合评估，全面建立经济困难的高龄、失能老年人补贴制度，稳妥推进长期护理保险试点，研究设立全国养老服务工作的评比表彰项目，建立养老服务监测分析与发展评价机制，对依法申报消防设计审核、消防验收和消防备案的养老机构，主动提供消防技术咨询服务，做好养老机构消防审批服务等。

## 75. 我国养老产业的制约因素有哪些？

(1)制度层面，养老产业政策不够健全

第一，政策缺乏明确定位。一方面政府与市场、社会的关系没有理顺。政府在养老产业发展中职责定位不清，存在不同程度的越位、缺位和不到位问题。另一方面缺乏一套全面系统的战略思路和行业规划，没有将养老产业的规划、发展纳入到对地方政府的考核体系中，造成养老产业发展后续乏力。另外，养老产业“营利性”与“非营利性”的经营性质划分也不清晰。

第二，政策的实操性较差。从政策内容来看，仅仅停留在对养老产业的引导和鼓励层面，对支持养老产业的实际发展，缺乏清晰明确的实施细则，对于从业者缺乏实操层面的指导价值。虽然出台了一系列优惠政策，但实践中这些政策在地方落实起来较难。

第三，监管制度不够完善。缺乏统一的监管机构和行业标准，在落实养老产业优惠政策等方面也存在着不同程度的监管缺位问题。

(2)经济层面，市场环境相对严峻

第一，经济增速放缓不利于养老产业的发展。新常态下，经济增速逐步放缓，一方面直接影响养老产业发展，另一方面影响人民群众收入的增长，间接制约养老产业发展。

第二，产业市场化程度较低，不利于养老产业的发展壮大。一方面，政府部门作为养老产业市场的主要参与主体，在养老产业市场中既当运动员，又当裁判员，不利于市场竞争。另一方面，养老产业市场面临诸多风险，如经营主体在建设前期投资过大，经营成本较高，加之缺乏竞争优势，盈利情况较差，基本处于亏损或微利状态。

第三，投入不足。要推动养老产业长期可持续发展，单靠地方政府投入无法满足养老产业的资金需求。目前，我国民间的资本投入比重较小，市场潜在的活力有待激发。

(3)产业层面，养老产业有效供给不足

第一，养老产业供求结构性失衡问题突出。养老产业供给相对不足。2017 年，全国各类养老服务机构和设施 15.5 万个，提供各类养老床位 744.8 万张，每千名老年人拥有养老床位仅有 30.9 张，发达国家则是平均 40 张左右。另外，养老产业布局也不合理，城乡差距较大。

第二，养老产业供给主体的供给能力有限。当前，我国养老产业市场的商业布局还处于摸索阶段，尚未形成优质、精准的产品供给。养老产业主要集中在餐饮、护理、保健等基础养老服务方面，难以满足较高层次的养老需求。

第三，养老产业主体需求升级。老年群体对于养老的需求不仅仅只满足物质的需求，而对医疗护理、精神慰藉等方面的需求也不断增加，特别是对中高端的养老需求也有所增加。另外，我国人口老龄化还呈现出空巢化、高龄化、失能化、贫困化等特征，多样化、多元化的养老需求激增。

**知识链接**

我国养老产业的制约因素除了上述因素外，还有传统观念因素。长期以来，我国传统思想中存在着"养儿防老"观念。一般情况下，老年人不会选择去养老机构养老。据民政部社会福利社会化调研组对陕西、广东等地的调查显示，绝大部分老人愿意居家养老。另外，老年人多为理智型消费者。老年人具有长期生活节俭的习惯，其消费行为不易受广告宣传等诱导性因素影响，从某个方面来说也制约了养老产业的发展。从子女角度来看，把父母送到养老院去似乎是一种"不孝"的行为，因此，大部分老人仍坚持家庭养老。

## 76. 我国养老产业的发展趋势有哪些？

(1)医养结合，打造养老新模式。在养老产业的发展过程中，医疗护理问题最为棘手。甚至有老年人为满足自身医疗需求而在医院"压床养老"，占用医疗资源。"医养结合"是将现代医疗服务技术与养老保障模式有效结合，上游是健康管理、中游是急性医疗、下游是康复护理，形成医养结合生态链。可进一步满足高龄、失能以及患有慢性病老人生活照料和医疗护理叠加的服务需求。从我国养老产业的发展情况来看，医养结合模式相对受老年人群体青睐。

(2)强调社区、居家养老。从传统文化、居住习惯及经济条件等方面来看,我国老年人普遍偏好居家养老,只有失能老人、高龄老人才是机构养老的重点对象。伴随着人口的老龄化,机构养老只能解决3%的养老问题,剩下的则由居家养老(90%)和社区养老(7%)解决。由于社区养老缺口巨大,2013年后养老地产最先“杀入”养老产业。目前,国内养老地产主要分布在长三角、珠三角等沿海发达地区和海南等环境优异地区。根据我国当前养老产业发展情况来看,社区养老市场前景广阔。

(3)智慧养老将成为主要趋势。“智慧养老”是指利用信息化手段、互联网和物联网技术,研发面向居家老人、社区的物联网系统与信息平台,并在此基础上提供实时、快捷、高效、低成本的物联化、互联化、智能化的养老服务。智慧养老能够帮助养老机构、社区大幅提升管理效率,并使得居家养老、社区养老成为可能。随着互联网产业的不断升级,传统养老产业联合物联网、云计算、大数据新一代信息技术产品形成智慧健康养老生态,能助力养老资源实现有效对接和优化配置,为老年人提供更有针对性和个性化的产品和服务。预计未来5年到10年,智慧养老将成为养老模式中的主流模式。

(4)老年人精神需求增长明显。随着经济的发展,现代老年人已不再满足于基本的物质生活需求,而是追求更高层次的心理健康,老年人追求精神需求已成为一种新的发展趋势。特别是对于生活能够自理、经济实力较好的老年人,旅居养老是一个不错的选择。另外,市场上也逐渐涌现出广场舞等相关项目,或者是老年社交、情绪管理等相关产品。

(5)居家养老服务成长空间大。由于我国传统孝文化,老人们不愿意离开家养老,居家养老仍将是未来主流的养老模式,提供老年人最关注的日常护理、慢性病管理、照顾陪伴、健康教育等的养老企业将最为符合当前迫切的服务需求。“互联网+”的养老企业面对居家养老服务“蓝海”市场未来弹性会更大。此外，由于居家养老的老人需要医疗、家政等服务，对养老护理人才的需求较大，布局医疗器械、康复器械、远程医疗等领域的养老企业具有较大的成长空间。

知识链接

我国养老产业的发展趋势还有一个明显特征，即政府层面释放出利好政策，为养老产业的发展提供巨大的发展空间。2017 年，国务院发布《“十三五”国家老龄事业发展和养老体系建设规划》，以积极开展应对人口老龄化行动，推动老龄事业全面协调可持续发展，健全养老体系。《规划》有针对性地进行了相关制度设计，如普遍建立完善老年人优待制度，探索建立长期护理保险制度，健全全国统一的服务质量标准和评价体系等。推动我国特色的老龄事业和养老体系走向成熟发展。2018 年，为进一步促进护理服务业改革与发展，国家卫生健康委员会等十一部委联合制定发布了《关于促进护理服务业改革与发展的指导意见》，《意见》提出：护理服务体系健全完善、护理队伍得到长足发展、护理服务供给更加合理、护理服务能力大幅提升四大主要目标，完善护理服务体系，增强服务团队建设，提高服务供给及服务能力。除此之外，我国各地相继出台支持养老产业发展的文件、政策，不断为养老产业的发展提供良好的政策环境，助力我国养老产业的快速发展。

## 77. 我国医养结合的发展现状如何？

医养结合是指以人为本的老年综合养护，核心内容为医疗及养老资源的相互整合，以老年医疗＋健康＋服务为理念，将医疗机构与养老机构的功能进行结合，把对老年人日常生活照看、康复关怀融为一体的养老模式。

(1)医养结合的模式

①医疗机构与养老机构协议合作。推行全科医生模式。通过巡诊制和签订协议，将社区医院的医疗资源辐射辖区内的养老院，并通过阶梯医保报销比例，实现医疗资源合理利用。

②养老机构增设医疗服务资质。由专业的医疗团队运营，对会员开放，同时对外提供医疗服务。

③医养结合进社区。依靠社区卫生服务网络，通过推行家庭医生模式，为社区老人提供上门服务。

④公立医院＋公立养老机构。通过政府协调，有意愿派驻医生和护士，并进行定期轮换。

(2)医养结合供需现状分析

截至2017年底，我国60周岁及以上人口数量达到2.41亿人，占全国总人口17.2%，使我国成为世界上第一个老年人口超过2亿的国家。据预测，到2050年我国60周岁及以上老年人口数量将占到全国总人口35%以上。我国已成为人口增速最缓、人口老龄化速度最快的国家之一，由此可见医养结合的市场潜力巨大。预计2020年我国养老产业规模将升至7.7万亿元，2030年则有望突破20万亿元。

相较于医养结合庞大的市场需求，我国养老供给力度却显得不足。主要体现在以下方面：养老社区、养老机构及专业人才匮乏；医疗体系有待完善；养老资源有待进一步丰富。建立综合型、多元化、全方位的服务体系是满足未来养老模式的必然要求。建立起完善的医疗保障制度、专业人员的培训制度及配备先进的医疗设备是目前迫切需要解决的问题。

据2018年有关部门统计，全国养老服务机构约3万个，养老服务床位近750万张。据此推算，我国每千名老人拥有养老床位30张，不及国际上每千名老年人50～70张养老床位的标准。目前我国失能半失能、痴呆以及残疾等生活不能完全自理且需要专业医疗服务帮助人群超过4500万，但相应床位不足15万张，远不能满足需求。在养老资源中，专业护理人员仍然十分稀缺，按照国际上"3位失能老人需要1名护理人员"的标准，我国养老护理人员仍存在千万级别的缺口。

知识链接

除上述现状外，在行业制度标准供给方面，我国医养结合事业也面临着长期缺乏参考标准的难题。为解决标准化服务建设问题，国家民政部、国家标准委共同发布了《养老服务标准体系建设指南》，从老年人自理能力、养老服务模式、服务、管理四个角度确立标准体系因素，体系又包括基础、服务提供、支撑保障三个子体系。同时，国家市场监督管理总局、国家标准委发布《养老机构服务质量基本规范》填补了参考标准的空白，给医养结合服务结构定制了基准线，确立了机构等级标准制度，为更好地满足市场需求奠定良好的基础。

## 78. 我国医养结合养老服务中存在的问题有哪些？

(1)资金缺口较为严重。养老机构本身的运营成本比较高，医养结合需要养老机构增设专业的医务室，而医务室不仅对建筑面积有一定的要求，且需要配备专业的观察室、输液室，加上专业护理人员的工资、福利等，这些都极大地提升了养老机构的运营成本；这些对盈利能力有限的养老机构而言，是一笔不小的负担。而对医疗机构而言，因医疗资源紧张以及经费欠缺等问题的影响，医疗机构通常将重点放在盈利空间较大的常规医疗项目上，对内部增设养老机构积极性不高。

（2）专业团队尚未建成。医养结合不仅仅是在养老机构增设医务室而已，更需要有专业化的医疗服务团队，尤其是针对老龄人的护理团队。然而，就当前医养结合养老模式的发展现状而言，专业的医养结合团队尚未有效建立起来。尽管一些养老机构聘请了专业的医务人员作为医疗服务的提供者，但医疗服务与养老服务往往是脱节的，养老护理人员对基本的医疗服务缺乏认知，影响了老人获得医疗服务的时效性，而医务人员对养老存在盲点，在医疗服务供给中没有能够结合老龄人的身体状况与心理素质，也降低了医疗服务的有效性。

（3）政府管理职能重叠。医养结合养老模式需要多个政府职能部门的共同参与，当前，多个政府职能部门已经就医养结合模式发展进行了管理责任的划分，但在实际的操作中仍然存在着职能重叠现象，由此导致的推诿扯皮的情形并不少见。不仅如此，在财政补贴层面也存在差异化对待的现象，养老机构增设医疗服务容易获得财政补贴，而医疗机构增加养老服务则被摒弃在财政补贴之外。

（4）医养结合模式价格昂贵。医养结合模式在提供养老服务的同时，又增加了医疗服务，导致其运营成本大为提升，而这部分成本往往转移到了老龄人口身上，这无形中又提高养老机构的服务价格。根据一项调查显示，北京某医养结合养老机构的费用每月超过 12000 元，超出了一般普通家庭的承受能力。

**知识链接**

在我国医养结合的发展现状中，最主要的是资金投入不足和专业人才匮乏两大问题。因此，破解我国医养结合难题应从这两方面入手。

其一，政府应加大资金投入力度。简而言之，政府应设立专项的资金，用于扶持养老机构的医疗化发展，也用于扶持医疗机构增加养老服务的发展，以减轻其运行压力。同时，政府应出台相应政策，鼓励民营资本乃至外资参与到养老产业的发展中来，不断激活养老产业的潜力。

其二，政府及相关服务机构应加强专业人才的培训。政府相关主管部门、医养服务机构应从实际出发，做好专业人才培训工作，落实复合型人才的培养。同时，积极拓宽服务人员的录用范围，加大对医务护理人员的录取选用。另外，相关服务机构要做好在职人员的轮岗培训，提升护理人员的专业素质和实践能力。

## 79.养老照护服务产业的内容有哪些？

养老照护服务产业主要包括居家养老照护服务、社区养老照护服务、机构养老照护服务。

(1)居家养老照护服务。家庭成员或雇用人员对居家老年人进行生活照料、康复护理等服务的活动，以及养老服务机构或其他社会主体(企业，社会组织等)向居家老年人提供的上门服务活动，如助餐、助行、助急、助浴、助洁、助医、日常照料等，不包括社区上门服务。

(2)社区养老照护服务。养老服务机构依托社区养老服务设施向社区老年人提供的日托、全托等服务；社区养老服务机构、社区嵌入式的养老服务设施和带护理型床位的社区日间照料中心等机构提供的照护服务；依托社区综合服务设施和社区公共服务综合信息平台、呼叫服务系统和应急救援服务机制为老年人提供的全托、月托上门等为主的精准化专业化生活照料、助餐助行、助浴助洁、助医、紧急救援、精神慰籍等照护服务；社区邻里互助、助老食堂、助老餐桌、老年社区（全周期养老综合体）提供的社区养老照护服务。

(3)机构养老照护服务。指各级政府、企业和社会力量兴办的养老院、老年福利院、老年公寓、老年养护院、敬老院、光荣院、农村幸福院、养老大院、农村特困人员供养服务机构等养老机构为在机构集中养老的老年人提供的养护和专业化护理服务；内设诊所、卫生所（室）、医务室、护理站的养老机构提供医养结合服务；公办养老机构及公建民营养老机构为经济困难失能（含失智）老年人、计划生育特殊家庭老年人提供无偿或低收费托养服务；失智老年人照护机构提供的服务，不包括机构为居家老年人提供的上门服务。

**知识链接**

在我国现有的养老模式中，以居家养老照护为主，社区养老照护和机构养老照护为辅。需要注意的是，这三者相辅相成。由于我国养老情况复杂，各地养老模式各有特色。

## 80. 老年医疗卫生服务产业的内容有哪些？

老年医疗卫生服务产业包括老年预防保健和健康管理、老年人疾病诊疗服务、老年康复护理服务等。

(1)老年预防保健和健康管理。医院、基层医疗卫生机构、专业卫生机构等医疗卫生机构以防止和减少老年人损伤、疾病及其后遗症和并发症的数量或严重程度，提高老年人健康水平为目的，开展疾病预防、营养、中医养生等非诊疗性健康服务，以及预防保健、健康咨询、健康状态辨识、健康危险因素的干预以及家庭医生、老年疾病档案管理等健康管理服务，包括老年人中医治未病、家庭医生签约服务，不包括养老机构内设诊所、卫生所(室)、医务室、护理站提供的服务。

(2)老年人疾病诊疗服务。医院、基层医疗卫生机构、专业卫生机构等医疗卫生机构以减轻老年人疾病或损伤的症状和严重程度，阻止威胁生命或正常生活功能为首要目标的门诊、住院等诊疗服务，包括老年人中医药疾病诊疗服务。

(3)老年康复护理服务。老年人康复护理服务主要包括老年康复和医疗护理服务、老年康复辅具配置服务两个方面。

老年康复和医疗护理服务即为老年人提供的以达到、恢复或维持最佳的身体、感官、智力、心理和社会功能水平为目的的康复服务，为需要长期照护的老年患者提供的以减轻疼痛、减少健康状况恶化的专业化护理服务，包括老年中医康复、偏瘫肢体综合训练、认知知觉功能康复训练等老年康复医疗护理服务。

老年康复辅具配置服务即为老年人、老年残疾人提供假肢、矫形器、轮椅车、助行器、助听器等康复辅具适配服务的活动，不包括医疗、康复机构的康复辅具适配服务。

**知识链接**

除了上述内容外，老年医疗卫生服务还包括安宁疗护服务和其他未列明老年医疗卫生服务。安宁疗护服务指安宁疗护中心、其他具备安宁疗护服务能力的机构或组织通过控制老年患者疾病终末期或临终前痛苦和不适症状，提供生理、心理等方面的照料和人文关怀等服务，以提高生命质量，帮助老年患者舒适、安详、有尊严离世。其他未列明老年医疗卫生服务是指医养结合或康养服务等未列明的老年医疗卫生服务。

## 81. 养老科技和智慧养老服务产业的内容有哪些?

养老科技和智慧养老服务即我们平常所说的智慧养老服务，主要包括养老科技服务和智慧养老服务两个方面。

(1)养老科技服务:主要包括养老科学研究和试验发展、养老科技推广和应用服务、养老产品质检技术服务。

①养老科学研究和试验发展:指针对老年疾病的医学、护理学研究和其他医学研究与试验发展服务，老年社会发展、老年心理、养老照料等社会科学研究活动，老年食品、养老照护辅具、老年日常生活辅助产品、老年用品、老年康复训练及健康促进辅具等医疗产品的研发活动。

②养老科技推广和应用服务:将与老年人健康相关的新技术、新产品、新工艺直接推向市场而进行的技术推广和转让活动、知识产权服务、科技中介活动、创业服务平台，以及其他科技推广活动，包括老年食品、养老照护辅具、老年日常生活辅助产品、老年用品、老年康复训练及健康促进辅具等新产品的科技推广和应用服务。

③养老产品质检技术服务:养老相关食品、药品、医疗用品及器材等健康相关产品的质量检测、检验和出入境检验检疫、测试、鉴定等活动，包括养老相关产品标准化、计量、认证认可的活动。

(2)智慧养老服务:主要包括互联网养老服务平台、养老大数据与云计算服务、物联网养老技术服务、其他智慧养老技术服务。

①互联网养老服务平台即养老大数据与云计算服务，指养老相关数据处理与存储、大数据处理、云存储、云计算、云加工、区块链技术等服务。

②物联网养老技术服务即面向养老行业所开展的物联网咨询、设

计、建设、维护、管理等服务，物联网和远程智能安防监控技术服务。

③其他智慧养老技术服务即养老服务领域的人工智能等新一代信息技术和智能硬件等产品的技术服务，以及其他与养老相关的应用软件开发与经营，基础环境、网络、软硬件等运行维护，健康信息技术咨询等服务，包括与户籍、医疗、社会保险、社会救助等信息资源对接的国家养老服务管理信息系统的技术服务，以及在保障数据安全的前提下，研发涉及老年人的人口、保障、服务、信用、财产等基础信息分类的养老服务综合信息化平台。

**知识链接**

智慧健康养老服务领域主要包括慢性病管理、居家健康养老、个性化健康管理、互联网健康咨询、生活照护、信息化养老服务等。智慧健康养老作为护航老年人安享晚年生活、提升幸福感的高科技产业，其产业规模不断扩容。据测算，2019 年我国智慧健康养老产业规模近 3.2 万亿元，近三年复合增长率超过 18%。随着诸多养老问题以及慢病医疗费用的增加，医养结合成为我国养老行业发展的方向。而在医养结合的过程中，智慧养老已成为我国养老行业发展的主要趋势之一。

## 82. 发展康复辅具产业方面的政策有哪些？

为了积极应对人口老龄化，推进健康中国建设，增进人民福祉，加快康复辅助器具产业发展，国务院印发《关于加快发展康复辅助器具产业的若干意见》，其规定如下：

(1)落实税收价格优惠。符合条件的康复辅助器具企业可依法享受研发费用加计扣除和固定资产加速折旧政策。对符合条件的公益性捐赠支出依法在所得税税前扣除。经认定为高新技术企业的康复辅助器具企业,按规定享受企业所得税优惠。落实生产和装配伤残人员专门用品的企业和单位有关税收优惠政策。落实康复辅助器具配置服务企业用水、用电、用气、用热与工业企业同价政策。

(2)强化企业金融服务。培育壮大创业投资和资本市场,提高信贷支持的灵活性和便利性,发展知识产权质押融资和专利保险,开展股权众筹融资等试点,通过国家设立的科技成果转化引导基金、新兴产业创业投资引导基金、中小企业发展基金等吸引社会资本协同发力,按照市场化方式支持符合基金投向的康复辅助器具产业创新。支持符合条件的企业发行企业债、公司债和资产支持证券。支持企业通过发行短期融资券、中期票据、中小企业集合票据等非金融企业债务融资工具筹集资金。鼓励商业银行、保险公司、证券公司等金融机构在风险可控、商业可持续的前提下开发适合康复辅助器具企业的金融产品。

(3)加强财政资金引导。将康复辅助器具产业纳入众创、众包、众扶、众筹相关财政以及新兴产业投资支持范围。地方财政可利用奖励引导、资本金注入、应用示范补助等方式,支持非营利性康复辅助器具配置服务机构建设,以及具有良好示范效应、较强公共服务性质的康复辅助器具项目。健全政府采购机制,国产产品能够满足要求的原则上须采购国产产品。将符合条件的高端康复辅助器具产品纳入首台(套)重大技术装备保险补偿试点范围。

(4)完善消费支持措施。鼓励有条件的地方研究将基本的治疗性康复辅助器具逐步纳入基本医疗保险支付范围。完善康复辅助器具工伤保险支付制度,合理确定支付范围。支持商业保险公司创新产品设计,将康复辅助器具配置纳入保险支付范围。鼓励金融机构创新消费信贷产品，支持康复辅助器具消费。有条件的地方可以对城乡贫困残疾人、重度残疾人基本型康复辅助器具配置给予补贴。

知识链接

除了以上政策外，政府还加强人才队伍建设。鼓励将康复辅助器具相关知识纳入临床医学、生物医学工程相关专业教育以及医师、护士、特殊教育教师、养老护理员、孤残儿童护理员等专业人员继续教育范围。依托科研院所、高等院校、企业设立康复辅助器具方面的博士后科研工作站。支持企业、院校合作建立实用型人才培养基地，鼓励企业为教师实践、学生实习提供岗位。完善康复辅助器具从业人员职业分类、国家职业标准、职称评定政策，研究建立假肢师和矫形器师水平评价类职业资格制度。

# 第四章 养老护理器具

## 83. 康复辅具产品有哪些？

根据国家标准《康复辅助器具分类和术语》(GB/T16432－2016)，康复辅助器具产品划分为12个主类、130个次类、794个支类，具体主类包括：矫形器和假肢；个人移动辅助器具；个人生活自理和防护辅助器具；家庭和其他场所使用的家具及其适配件；沟通和信息辅助器具；个人医疗辅助器具；技能训练辅助器具；操作物体和器具的辅助器具；用于环境改善和评估的辅助器具；家务辅助器具；就业和职业训练辅助器具；休闲娱乐辅助器具。该分类也与国际标准ISO9999：2011一致。

**知识链接**

康复辅助器具是指改善、补偿、替代人体功能和辅助性治疗以及预防残疾的产品，包括器具、设备、仪器、技术和软件。康复辅助器具既有外骨骼康复机器人等高科技产品，也有拐杖等简单实用产品，适用人群主要包括老年人、残疾人、伤病人。目前，国际市场上康复辅助器具产品超过4万款，我国市场上约有1万款。

## 84. 康复辅具的主要分类有哪些？

(1)养老设备护理类：防褥疮辅具、适老功能护理床、适老护理服等。

(2)适老日常生活自理类：适老饮食类辅具、适老穿衣类辅具、适老洗漱类辅具、适老家务训练类辅具。

(3)适老康复训练类：适老运动功能障碍康复训练辅具、适老家用理疗体疗设备、适老智障患者康复训练辅具。

(4)沟通交流类：适老视觉类辅具、适老听力类辅具、适老交流类辅具。

(5)适老移动助行类辅具：适老功能轮椅车、适老拐杖、适老助行器、适老移位机、适老爬楼机。

(6)其他类辅具：适老排泄类辅具、适老洗浴类辅具、适老环境辅助设备等。

**知识链接**

除上述分类外，还可按使用环境分类：生活用辅助器具、移乘用辅助器具、通讯用辅助器具、教育用辅助器具、就业用辅助器具、文体用辅助器具、宗教用辅助器具、公共建筑用辅助器具、私人建筑用辅助器具等。

## 85. 在养老机构中，康复辅具的配置原则有哪些？

(1)坚持评估与适配相结合：充分发挥康复辅具的功能作用，提高老年人的生活质量和安全，提升老年人生活自理能力。对于个人而言，选择与自理、部分失能和失能老人制定与自身健康状态相适配的康复辅具非常重要。对于养老机构而言，康复辅具要充分适应老年人居住和活动的环境，对建筑环境、生活环境、员工的护理等方面要进行综合评估，根据评估结果来配置康复辅具。

(2)坚持个人使用配置与公用配置相结合：在充分满足老年人对康复辅具配置个性化需求的同时，提高康复辅具的使用价值，个人使用配置满足老年人个体的长期使用，公用配置要最大限度地提高使用频率，发挥其作用。

(3)坚持安全第一和适用性相结合：康复辅具最基本的要求就是要符合国家标准，消除安全隐患。

**知识链接**

在养老机构中，需要经常用到康复辅具，以帮助老年人更方便地生活，不断提升其生活质量。选择康复辅具产品时，需要充分考虑到老年人的实际身体情况。

## 86. 个人使用康复辅助器具的配置要求有哪些？

在养老机构，个人使用康复辅助器具要求如下：

(1)保护组织完整性的辅助器具：部分失能老年人中需长期保持坐姿的应配置防压疮坐垫；失能老年人应配置防褥疮床垫等，应和特护区的床一起适配使用。

(2)穿脱衣服的辅助器具：部分失能老年人有自主穿脱衣需求的，可视情况配置鞋拔、脱靴器、穿脱衣钩、穿脱衣棍等。

(3)如厕辅助器具:老年人无法完成蹲便且房间(或卫生间)内无座便器的,应配置座便椅(带便盆)。

(4)二便吸收辅助器具:失能老年人长期卧床,应配置成人一次性尿布、成人一次性衬垫等二便吸收辅助器具。

(5)单臂操作助行器或双臂操作助行器:下肢活动能力较差,上肢有支撑能力的自理老人和部分失能老年人可按需求选择,选配类型可参考GB/T14730。

(6)手动轮椅车、动力轮椅车:应充分考虑老年人的身体功能状况、日常生活活动能力、认知与判断能力等方面的因素进行选配,宜配合防压疮坐垫使用。手动轮椅车应符合 GB/T13800 的要求,GB/T16432 分类下的手动转向的电动轮椅车(如电动代步车)和动力转向的电动轮椅车应符合 GB/T12996 的要求。

**知识链接**

老年人在使用康复辅助器具时,既要严格按照说明书规范使用,又要根据个人实际情况。遇到疑难问题,应及时向相关的专业人员请教,避免因操作失误而损害个人身体健康。

## 87. 公用康复辅具的配置要求有哪些?

(1)公共活动区域

公共活动区域的无障碍设施设计应满足 GB50763 的要求。辅助器具配置要求如下:

①支撑栏杆和扶手杆:养老机构应在走廊、楼梯等处安装无障碍扶手。

②垂直运送辅助器具：养老机构应考虑配置垂直运送辅助器具，多楼层的上下应安装电梯，宜采用医用电梯，高低平台之间应设置固定坡道。

③报警、指示、提醒和讯号辅助器具：养老机构应在走廊、楼梯、活动大厅等公共区域配置着火报警器和烟雾探测器等报警、指示、提醒和讯号辅助器具。

(2)卧室

①床：宜为老年人使用的床配置可折叠或移动的床栏杆，防止老年人从床上掉下来，也便于老年人独立坐起和改变体位。

②报警、指示、提醒和讯号辅助器具：卧室应配置个人紧急报警系统和烟雾探测器，个人紧急报警系统触发按钮宜设置在老年人易触及的位置，例如床头附近。

(3)卫生间

①如厕辅助器具：卫生间应配置座便椅/座便器和无障碍扶手。无障碍扶手的安装设置应满足 GB50763 的要求，座便椅应符合 GB/T24434 的要求。

②报警、指示、提醒和讯号辅助器具：卫生间应配置个人紧急报警系统，个人紧急报警系统触发按钮宜设置在老年人易触及的位置，例如座便器附近。

(4)康复训练室(室内/室外)

运动、肌力和平衡训练的设备：养老机构应配置符合老年人身体特性的平行杠、站立架、上肢训练器械、躯干训练器械和下肢训练器械等设备，站立康复训练使用的站立架应符合 GB/T28919 的要求。用于康复训练的辅助器具应在获得相关专业培训和资质的专业护理人员的指导下进行。

(5)医务室/医疗站

身体、生理和生化检测设备及材料:医务室/医疗站应配备基本的身体、生理和生化检测设备及材料,常见的有血压计、血糖仪、温度计、体重秤、听诊器等,应由专业医护人员操作。

(6)特护区

①转移和翻身辅助器具:应在特护区配置帮助失能老年人改变活动位置的辅助器具,可选择护理员易于操作的翻身垫、转移垫等。

②能让人升降的辅助器具:应在特护区配置移位机等能让人升降的辅助器具,以完成失能老年人升降和在不同位置间自由移动。

③特护床:应在特护区为失能老年人配置可调节体位(含起背、翻身等功能)的特护床,和配套的可折叠或可移动的床栏杆,以保障失能老年人的安全。

(7)阅览室

视力辅助器具:阅览室应配置一定数量的视力辅助器具。

(8)娱乐室

游玩辅助器具:娱乐室可为老年人配置各类符合其生理特性的游玩辅助器具。

**知识链接**

在公共场所使用康复辅具时,老年人应谨慎小心,不可随意损坏相关设备。在使用的过程中,应坚持安全第一以及锻炼身体原则,有限使用。另外,相关养老服务机构应加大对老年人相关康复辅具的培训,以帮助老年人快速了解相关知识,熟练使用相关养老辅助设备。

## 88. 适老辅具的作用有哪些?

在现代康复养老护理服务工作中,对于重度失能老年人和完全失能老年人来说,“进、出、洗”“睡、动、乐”“光、家、味”是康复护理的主要工作,适老辅具在老年人康复护理过程中扮演着重要角色。

(1)补偿护理者护理能力。护理者独自应用适老移动辅助装置与移动辅具可以轻松安全地实现转移重度失能老年人和完全失能老年人。护理者独自应用适老洗浴辅助器具与适老如厕辅助器具可以安全地为重度失能和完全失能老人进行护理。

(2)保护环境安全。应用适老辅具建立的适老环境,可以维护老人日常生活的稳定性与安全性,减少意外伤害的发生。如:墙壁与楼梯间安装的助力扶手、室内移动助力扶手、防跌落地面砖、闪光门铃、闪光报警器等。

(3)补偿代偿功能障碍。老年人由于器官的退行性改变使听力、视力、语言、智力、吞咽、活动等方面的能力逐渐减弱,以致活动和参与出现困难甚至发生功能障碍,逐渐演变到轻度失能、重度失能、完全失能。为此,需要及早为老年人提供相应的适老辅具来补偿或代偿功能障碍,延缓失能程度。如:拐杖、轮椅、助行车、扩视器、助听器、生活自助具;再如:系扣器、穿袜器、卧床用的喝水杯、助力筷子、吸盘碗盘、洗澡椅等,可以辅助提高独立生活的能力。

**知识链接**

适老辅具是康复辅助器具的组成部分,适老辅具亦称适老功能辅助器具,是指适合老年人在一定环境下使用的辅助老年人克服特定环境障碍、发挥老年人潜在功能的器具。适老辅具主要有三大功能：一是辅助老年人居家环境安全；二是辅助居家护理者减轻护理强度、提高效率；三是辅助居家老年人维护尊严、提高其独立生活能力。其产品可分为：居家环境辅助类、居家护理辅助类、居家移位辅助类、居家移动辅助类、居家自我辅助类、居家沟通辅助类。

## 89. 矫形器的分类及适应症状有哪些？

矫形器也叫支具，是为矫正四肢、躯干畸形或增强其支持能力而制作的改善功能的器具。在老年人的生活中，由于身体功能的退化以及老年疾病的困扰，经常需要使用矫形器。

(1)矫形器的分类

矫形器分为上肢矫形器和下肢矫形器。

①上肢矫形器：上肢矫形器又分为静止性上肢矫形器、可动性上肢矫形器。

静止性上肢矫形器：主要是固定肢体于功能位，用于辅助治疗上肢骨折、关节炎、腱鞘炎等。如手指制动器、手部制动器、腕部矫形器、肘关节矫形器和肩关节矫形器等。血友病患者在急性出血阶段，就可使用这一类合适的支具来制动出血关节或肢体，以减少出血量，减轻疼痛。这类支具佩带时间的长短视病变而定，如骨折后的外固定（石膏或夹板）一般需要 6 周左右，软组织（如肌肉韧带）损伤后局部制动时间一般为 3 周左右，而对于血友病关节出血，则制动在出血停止后就应解除，不适当的、过长时间的关节制动会导致关节活动度下降，甚至关节挛缩，应该注意避免。

可动性上肢矫形器:是用弹簧、橡胶等材料制成,允许肢体有一定程度的活动,用于纠正关节或软组织挛缩、畸形,也能对关节起到保护作用。

②下肢矫形器:下肢矫形器根据其结构特点和不同的适用范围,分为限制性和矫正性下肢矫形器,也可分为用于神经肌肉疾患和用于骨关节功能障碍的两大类。目前基本上按照矫正部位来命名。

踝足矫形器:是最常用的下肢矫形器,主要用于纠正足下垂。

膝踝足矫形器:主要作用是稳定膝关节,避免无力的膝关节承重时突然弯曲,也能矫正屈膝畸形。对于股四头肌肌肉力量薄弱的血友病患者,可以借助膝踝足矫形器进行站立。

髋膝踝足矫形器:可有选择地控制髋关节的运动,增加骨盆的稳定性。

膝关节矫形器:是在不需要控制踝足运动而只需要控制膝关节运动时应用。常用的有三种:软式膝关节矫形器、传统式膝关节矫形器和瑞典式膝反屈矫形器。

除了上述矫形器外,还有髋关节矫形器、脊柱矫形器。

(2)矫形器的适应症

矫形器的适应症主要包括以下方面:

①需要对某个或数个关节加以制动。如血友病患者关节或肌肉出血时。

②需要对身体某种畸形加以矫正。如血友病患者出现膝关节、踝关节畸形时,选择适当的矫形器可以使畸形得到某种程度的矫正。

③代偿失去的功能。如股四头肌无力的患者,可以借助膝踝足矫形器实现站立甚至行走。

④用于改善异常步态。如足下垂患者，由于足无法背屈，出现划圈步态，此时可以借助踝足矫形器使步态得到改善。

⑤以减轻肢体承重为目的。

⑥用于骨折愈合不良。

⑦手术后对肢体的保护。

⑧减少由于长期卧床而导致的各种并发症以及在等待手术期间短期内使用等。

需要注意的是，老年人在使用矫形器时，应在医生的指导下进行。

知识链接

矫形器的主要功能如下：

(1)稳定和支持：通过限制关节异常或正常的活动，来稳定关节、减轻疼痛、恢复关节承重功能。

(2)固定和保护：通过对病变肢体或关节固定以促进愈合。

(3)预防和矫正畸形。

(4)减轻承重：可减少肢体、躯干的长轴承重。

(5)改进功能：可改进站立、步行、饮食、穿衣等各种日常生活能力。

## 90. 助行器的分类及使用范围有哪些？

(1)助行器的分类

①固定型。常用来减轻一侧下肢的负荷，如下肢损伤或骨折不允许负重时，此时双手提起两侧扶手同时向前放于地面代替一足，然后健腿迈上。

②交互型。体积较小,无轮脚,可调高度。使用时先向前移动一侧,然后再移动余下的一侧向前,如此来回交替移动前进。适用于立位平衡差,下肢肌力差的患者或老年人,其优点是上厕所很方便。

③前方有轮型。用于上肢肌力差,单侧或整个提起步行器有困难者,此时前轮着地,提起步行器后脚向前推即可行走。

④腋窝支持型步行器。由两腋窝支持体重而步行,有四个脚轮,体积最大,用于上肢肌力差者。

(2)助行器的使用范围

助行器适用于下肢功能障碍较严重而不能用手杖、拐杖者,其功能主要是支撑体重,保持身体稳定,辅助站立和行走;下肢肌力差的患者或老年人;也用于上肢肌力差,单侧或整个提起步行器有困难者;对于偏瘫、截瘫、截肢后或其他下肢肌力减弱不能支撑体重的患者而言,都需要使用助行器。

**知识链接**

老年人助行器的功能如下:

(1)保持平衡。如老年人非中枢性失调的下肢无力、下肢痉挛前伸不佳、重心移动不能平衡等障碍,但对高龄脑卒中、多发性脑梗死患者的平衡障碍作用不大。

(2)支持体重。偏瘫、截瘫后,患者肌力减弱或下肢无力不能支撑体重或因关节疼痛不能负重时,助行器可以起到替代作用。

(3)增强肌力。经常使用手杖、腋杖,由于需要支撑身体,因此,对上肢伸肌有增强肌力的作用。

## 91. 老年人如何使用助行器？

(1)行走前的准备

①每次使用助行器前，应检查助行器是否稳定，橡皮垫、螺丝有无损坏或松动，以确保助行器的安全性，预防行走不稳而跌倒。

②保持地面干燥、走道通畅，防止滑倒或跌倒。使用轮式助行架时要求路面要平整，上下坡时能灵活运用车闸以保安全。

③应穿长度适宜的裤子，鞋子要防滑合脚，一般橡胶的鞋底较好，避免穿拖鞋。

④下床前先双腿下垂，在床边端坐15～30分钟(可根据情况适当延长时间)后再下床行走，以免因突然站起，发生直立性低血压而导致跌倒。

(2)行走时的要点

①调节助行器高度：身体自然站立，抬头挺胸，双手自然下垂在身体的两侧，调节助行器下端的按钮，保持手柄高度大约与手腕腕痕齐平。这时如果您把手放在助行器的手柄上，肘关节弯曲的角度应该会使手感觉舒服，大约为150度。

②放置助行器的位置：开始起步或者停下时应该保持身体在助行器的框架里，保持您的双脚脚后跟与助行器后腿在一条直线上。切忌把助行器放得太前或者太后。

③步行方法

第一步：请您站在助行器的框架内的合适位置，双手扶住助行器手柄，将身体的重量放在健腿(没有做手术的腿)和助行器上。

第二步：将助行器前移20公分左右。

第三步:然后迈出患肢(做手术的腿)同样的距离,此时将重心前移到手腕,利用助行器来支撑身体重量,然后移动健肢(没有做手术的腿)到与患肢齐平位置,站稳后再重复上述步骤。

另外,行走时应平视前方,注意抬头挺胸收腹,家属应在后方保护。步伐不宜太大,以达到助行器的一半为宜,太过向前容易重心不稳而跌倒,也不能把助行器放太远,否则会扰乱助行器平衡,导致不稳。

**知识链接**

使用助行器时,应注意以下事项:

(1)迈步时不要过于靠近助行器,否则会有向后跌倒的危险。

(2)步行时不要把助行器放的离患者太远,否则会扰乱平衡,使助行器的底部不能牢固地放在地面负重。

(3)使用轮式助行架时要求路面要平整,上下坡时能灵活运用车闸以保安全。

(4)上下肢衰弱、不协调或上下肢均受累而不能通过腕、手负重的患者不宜使用助行器。

## 92. 轮椅的种类有哪些?

轮椅是装有轮子可以替代行走的椅子。是用于伤员、病员、残疾人居家康复、周转运输、就诊、外出活动的重要移动工具,轮椅不仅满足肢体伤残者和行动不便人士的代步需要,更重要的是方便家属移动和照顾病员,使病员借助于轮椅进行身体锻炼和参与社会活动。轮椅有很多种类,分手推轮椅、电动轮椅、运动轮椅、折叠轮椅等。

(1)电动轮椅。有不同规格可分别供成人或儿童使用。为满足不同程度病残者的需要,电动轮椅有多种不同的控制方式,手或前臂功能有部分残存者,可选用手或前臂进行操作的电动轮椅。此种轮椅的电钮或摇控杆非常灵敏,利用手指或前臂的轻微接触即可进行操作。对于手和前臂功能完全丧失的患者,有以下颌进行操纵的电动轮椅可供应用。

(2)其他特殊轮椅。为了某些残疾病人的特定需要,还有多种特殊轮椅。如单侧受动型轮椅、上厕所专用轮椅、有些轮椅附有升降装置等。

(3)折叠式轮椅。车架等可折叠,便于携带和运输。这是目前国内外应用最为广泛的一种。根据不同的椅坐宽度和轮椅的高度,可供成人、少年和儿童使用,还有些根据轮椅能够换用较大的椅背和靠背,以适应儿童不断生长的需要。折叠式轮椅的扶手或搁脚板均为拆卸式。

(4)躺式轮椅。靠背能从垂直向后倾斜直至水平位。搁脚板也能自由变换角度。

(5)运动型轮椅。根据比赛而设计的特种轮椅。质量轻,在室外应用时能运行较快。为了减轻重量,除了选用高强度的轻型材料(如铝合金)外,有些运动型轮椅不仅能将扶手和搁脚板拆除,还可将靠背的把手部分拆除。

(6)手推型轮椅。手推型轮椅是指有其他人推动的轮椅。此种轮椅可以前后皆采用直径相同的小轮以降低造价和减轻重量,其扶手可用固定式、开放式或折卸式,手推式轮椅主要作护理用椅。

**知识链接**

普通轮椅一般由可折叠框架、前后车轮、左右护膝和脚踏板、左右可拆卸扶手、把手刹车装置、座椅、靠背有医学影像资料袋、便盆,接尿袋挂钩、电动站立等部分组成。手摇轮椅在普通轮椅基础上,增加手摇装置。电动轮椅在普通轮椅基础上,增加电子助力系统,减轻了使用者的体力消耗。智能轮椅在电动轮椅的基础上，增加了定位移动、站立移动、遥控移动以及相关“互联网十”辅助生活。

## 93. 轮椅的一般使用方法有哪些？

(1)打开和收起：打开轮椅时，双手掌分别放在轮椅的两边的横杆上(扶手下方)，同时向下用力即可打开。收起时先将脚踏板翻起，然后，双手握住坐垫左右两端，同时向上提拉。

(2)操纵轮椅：向前推时，操纵前先将刹车松开，身体向后坐下，眼看前方，双手向后伸，稍屈肘，双手紧握轮环的后半部分。推动时，上身前倾双上肢同时向前推并伸直肘关节当肘完全伸直后，放开轮环，如此重复进行。对一侧肢体功能正常，另一侧功能障碍(如偏瘫)，一侧上下肢骨折等，可以利用健侧上下肢同时操纵轮椅。方法如下：先将健侧脚踏板翻起，健足放在地上，健手握住手轮。推动时，健足在地上向前踏步，于健手配合，将轮椅向前移动。上斜坡时，保持上身地前倾，重心前移，其他方法同平地推轮椅。如果上坡时轮椅后倾，很容发生轮椅后翻。

(3)轮椅转移：以偏瘫患者为例。

床——轮椅之间地转：椅放在健侧，于床成 30～45 度夹角，刹住车轮，移开足托。患者健手握住轮椅外侧扶手站起，站稳后以健足为轴缓慢转动身体，使臀部对着椅子缓慢坐下。

轮椅——床之间转移：从健侧靠近床，使轮椅于床之间成 30～45 度夹角，刹住车轮，移开足托。健手抓住扶手站起，站稳后，向前放到床上，以健足为轴，慢转动身体，然后坐下。

## 知识链接

老年人使用轮椅时，需要注意以下事项：

(1)应经常检查轮椅，定时加润滑油，保持完好备用。主要还是要细心，定期对轮椅进行体检，切勿粗心大意。

(2)轮椅适宜在平整的地面上行驶，当前面遇到障碍物时，应绕道避开行驶，以防止出现轮椅倾倒之危险。

(3)在使用过程中切勿在脚踏板上站立，以防造成轮椅侧翻之危险。

(4)随时注意观察身体情况。

(5)如有下肢浮肿、溃疡或关节疼痛等情况，可将脚踏板抬起，垫以软枕。由于轮椅的前轮较小，在快速行驶时如遇到小障碍物(如小石子、小沟等)易造成轮椅突停导致轮椅或病人向前倾翻而伤害病人，推轮椅者一定要小心，必要时可采用后拉的方式(因后轮较大，越障碍的能力较强)。

(6)天气寒冷时要注意保暖，将毛毯直铺在轮椅上，还要用毛毯围在老年人颈部，用别针固定，同时围着两臂，别针固定在腕部，再将上身围好，脱鞋后用毛毯将双下肢和两脚包裹。

## 94. 老年人如何正确乘坐轮椅？

(1)臀部是否能贴近轮椅的椅背。如果臀部无法贴近椅背，会出现下背部弯曲及滑出轮椅的问题。因此，根据个人状况，配合使用后凹式坐垫，让下背部及臀部完全服帖整个椅背。另外，可考虑以下方法加以改善：绑腿带固定大腿；系腰部安全带固定骨盆；调整座位的角度；调整椅背的角度(0～15 度)。

(2)骨盆是否平衡。骨盆侧倾是造成身体歪斜变形的重要因素，因此，应检查轮椅坐垫布是否松弛造成倾斜，及骨盆的两侧平衡，可有效降低身体倾斜、变形的概率。

(3)腿部的摆位是否正确。腿部摆位会影响坐骨结节压力。在检视轮椅时，应考虑是否因脚踏板太高而导致摆位不正确，如果是，可调整脚踏板高度，使大腿平放于坐垫上平均腿部压力，有助于正确摆位。

(4)轮椅车椅背的角度是否舒适。适当地倾斜角度(0～15 度)可增加坐姿的平稳度和舒适感，帮助全身重力地分散和防止脊椎侧弯。调整角度有两点建议：第一，使用可调整的背垫，或可躺式轮椅来调整。第二，调整背垫的高度及腰垫的支撑。

(5)躯干是否挺直。上半身躯干如果无法保持挺直，则须使用两侧支撑，以辅助身体摆位，避免发生脊椎变形。可使用防止脊椎变形背垫，配合两侧支撑或使用倾斜、斜躺两者混合地特殊轮椅。如果上半身躯干有向前弯曲出现驼背情形，则使用双十字胸部带或 H 型固定带加以固定。

(6)头部是否需要头靠枕。对头部无法正常摆位使用者，应视使用者的情形做适当处置。缺乏支撑力的，可使用一般的头靠枕，由头部后方给予适当的支撑；头倾向单侧的由后方给予支撑之外，在倾斜侧加上辅助垫；垂头向前的，应由后方给予支撑之外，可加上一条可动式前额带于头靠枕上，不仅可使头抬起，在前额带后方有一组滑轮的设计，使用者可以左、右转动头部，改善视野范围与角度。

**知识链接**

在实际生活中，老年人应根据自身情况选择适合自己的轮椅。不同的轮椅，其乘坐方法也有所区别。正确乘坐轮椅，有利于维护老年人的身体健康，方便老年人生活。

## 95.助听器的种类有哪些？

助听器是一个小型扩音器，把原本听不到的声音加以扩大，再利用听障者的残余听力，使声音能送到大脑听觉中枢，而感觉到声音。主要由传声器、放大器、耳机、电源和音量调控五部分组成。助听器按传导方式分为气导助听器和骨导助听器；按使用方式分类为盒式、眼镜式、发夹式、耳背式、耳内式、耳道式、深耳道式助听器。

(1)盒式助听器。也称体佩式助听器，它出现的时间较早，体积较大，外观如同一个微型收音机，佩戴在身前，有一根导线将声输出信号送至耳机。多采用普通晶体管元件，故价格低廉。其体积较大，便于制成大功率输出、宽频谱范围、多功能调节的助听器，且适于手指活动不灵便的人使用。此种助听器的元件热噪声较高，从而使得助听器的本底噪声较高。由于盒式助听器常与衣物磨擦，磨擦声往往成为干扰噪声。

(2)眼镜式助听器。眼镜式助听器仅是一种由体佩式向耳机助听器发展过程中的过渡期产品，麦克风与接受器可在不同的镜腿上，实现信号对传，也有在同一镜腿上的。目前市面上这种助听器已不多见。

(3)耳背式助听器。耳背式助听器是近年使用最广泛的助听器，外形纤巧。助听器的各部件均装在一小弯盒内，依赖一个弯曲成半圆形的塑料耳钩挂在耳后，放大后的声音经耳钩和与之相连的耳模或耳塞传入耳内。耳背式助听器位置相对隐蔽，声学效果良好，有多种功能，能满足不同听力损失患者的需求，是目前使用最多的一类助听器。但由于耳模和导声管的存在，会使外耳道的共振峰值发生偏移，使人初听起来不习惯。对聋儿来说，尚需定期更换耳模。

(4)耳内式助听器。严格来说,耳内式助听器应分为耳甲腔式和耳道式两种。耳甲腔式还可区分成全耳甲腔式和半耳甲腔式;耳道式还发展出完全耳道式(深耳道式)。耳内式助听器外形更加精巧,使用时直接放在耳甲腔或耳道内,十分隐蔽。同时还保留了耳廓的集音功能和外耳道的共振作用,配戴时更易适应。但目前的耳内式特别是耳道式助听器功率不大,尚不能满足重度以上耳聋患者的需要。

**知识链接**

佩戴助听器是改善耳聋老年人听力的重要手段。但老年人不能随意购买和使用助听器,必须经过严格的验配才可以佩戴。老年人验配助听器时,应注意以下几点:

(1)新近发生的老年性耳聋,不要急于佩戴助听器,需经过一段时间的临床治疗,如仍不见改善,再考虑佩戴助听器。过早佩戴助听器可能会因接受强声刺激而加重耳聋。

(2)验配助听器前,必须由专业医生进行全面的检查,根据本人的听力损失程度,选择适合的助听器。千万不可自行选购,随意佩戴,以免损害残存的听力。

(3)老年性耳聋,双耳的耳聋程度常常不一致。一般情况下,建议双耳都配戴助听器,以求双耳听觉尽可能和谐一致,以减轻疲劳。若配戴一只耳朵,则佩戴在听力较好的一侧,这样可获得最佳的听音效果。

(4)老年人佩戴助听器都有一个适应期,约三至五个月。适应期内助听器的音量应尽量不要开得太大。刚开始佩戴时,佩戴时间每天两至三小时即可,逐渐递增,直至适应。

# 第五章　养老服务

## 96.社区养老服务方案的内容有哪些？

(1)服务受理

根据世界卫生组织预测，到2050年，我国将有35%的人口超过60岁，成为世界上老龄化最严重的国家。伴随着人口老龄化趋势的加剧，传统的社区居家养老服务模式存在养老服务供需双方不匹配、及时性和灵活性较差；社区居家养老服务项目少、范围窄、精神慰藉缺失；社区居家养老服务监督和评价机制不完善，服务管理效率低；专业的居家养老服务人员短缺，人员素质不高等问题。随着“互联网＋”趋势的不断发展，我国信息化服务建设也取得诸多成效。梳理各地养老服务发展经验，社区居家养老服务管理中心业务受理流程如下：

第一步，老年人及其家属通过电话语音、互联网、微信平台、各种智能终端和前台服务通道提出服务需求。

第二步，社区养老服务管理中心根据用户的需求和位置进行服务和区域的匹配，进行服务派单和其他操作。

第三步，入网的养老服务供应商接受订单并联系客户，派出相关服务人员进行上门或者网络服务。

第四步，社区养老服务管理中心在24小时以内按照相关要求回访客户，了解老人及其家属对此次养老服务的满意度及改进意见。

第五步，社区居家养老服务信息平台自动归纳和收集老年人的养老服务需求，保存老年人获取服务的各项流程和意见，据此对该平台上的养老服务供应商进行服务评级。

第六步，社区养老服务管理中心根据养老服务供应商的服务评级，及时做好准入和退出工作，并及时吸纳新的供应商，做好社工、志愿者信息的更新和维护工作。

需要注意的是，在社区居家养老服务的受理过程中，应根据老年人的具体情况，协助老年人申请一定的补贴。

①服务补贴对象

服务补贴按户籍属地化原则申请。申请对象有所不同，有的地方规定，凡持有当地户籍且长期居住在户籍城区、年满 70 周岁及以上的低收入群体、失能半失能老人、90 周岁及以上高龄老人，享受政府购买服务补贴，具体有：70 周岁及以上（含 70 周岁）城市分散供养特困老人、城市低保老人；70 周岁及以上（含 70 周岁）低收入家庭老人、失独家庭老人及享受定期抚恤或定期生活补助的重点优抚对象；90 周岁及以上（含 90 周岁）的高龄老人；70 周岁及以上（含 70 周岁）经评估照料等级为失能和半失能老人。

低收入群体：是指本人月养老金或退休金低于当年城市低保保障标准的两倍。仅计算本人的养老金或退休金收入，不计算本人其他收入或配偶等其他家庭成员的收入（如 2018 年申请人养老金或退休金月收入低于 1160 元，可视为低收入老人）。

②服务补贴标准

服务补贴由养老服务补贴和专项护理补贴组成，不以现金形式发放，以非现金的“服务券”形式兑换养老服务。各地的补贴标准并未统一，有的地区规定：

70 周岁及以上城市分散供养特困老人、城市低保老人、低收入家庭老人、失独家庭老人及享受定期抚恤或定期生活补助的重点优抚对象，按每人每月 150 元给予基本养老服务补贴，对其中的半失能老人和失能老人则分别按照每人每月 200 元和 400 元给予专项护理补贴。享受城市特困人员救助和城市低保救助的，仍按照原标准渠道予以发放。

70 周岁及以上非低收入群体中的半失能老人和失能老人，分别按照每人每月 100 元和 200 元给予专项护理补贴。

90 周岁及以上群体，按每人每月 150 元给予基本养老服务补贴。属低收入的半失能老人和失能老人分别按照每人每月 200 元和 400 元给予专项护理补贴；属非低收入的半失能老人和失能老人分别按照每人每月 100 元和 200 元给予专项护理补贴。享受高龄补贴的仍按照原标准渠道予以发放。

③申报审批和终止程序

按照个人申请、社区审查、街道办事处审核、县民政局审批的程序办理。

个人申请。符合政府购买服务居家养老对象，由本人或家属（无家属或有困难的可以委托社区）向户籍所在地的社区提出申请，填写《分宜县城市居家养老服务补贴申请审批表》（一式三份），并如实提供以下材料：户口本、身份证，领取退休金或养老金证明，低保、特困对象须提供低保证或特困供养证，重点优抚对象须提供优抚对象优待证，失独家庭老人须提供调查证明，以及民政部门认为需要提供的其他材料（以上材料均需提供原件及复印件三份）。

社区调查、评议。社区应对通过入户调查、邻里访问、信函索证、群众评议、信息核查等方式对申请人的对象类别，个人收入和生活自理能力进行初步评议，并由调查人（至少两名）填写调查认定意见。经评议，认为符合条件的上报街道办事处，经评议认为不符合条件的，要书面通知申请人本人，并告知原因。

街道办事处审核、公示。街道办事处在接到社区评议合格的补贴对象名单后，要在10个工作日内完成对补贴对象的审核、评估，并初步拟定补贴类别。并在《审批表》上签署调查评估意见。同时组织对初审合格的补贴对象在其居住的社区内(社区微信群、网站、公告栏等)进行公示，接受群众监督。公示内容应包括申请补贴对象的姓名、住址、出生年月、自理情况、补贴类别等，公示期为7个工作日，并在公示后5个工作日内将公示结果上报县民政局。

县民政局审批。县民政局接到街道办事处上报的审核材料后，对申报对象的材料进行审核，于7个工作日内完成审批，确定补贴类别和补贴标准，享受补贴起始时间，将相关情况(申请人基本情况、享受服务起始时间)及时登记入档，并报市民政局备案。

变更和终止程序。居家养老服务补贴实行动态管理，严格进入、退出机制。补贴对象变更补贴类别或不再符合补贴条件的，社区应当及时告知街道办事处，由街道办事处审核并报县民政局核准后，将变更或终止情况委托社区予以公示，接受社会的监督，并于公示后的下月起执行。

(2)服务方案具体设计

①服务方案设计原则。坚持政府主导与社会力量参与相结合原则；坚持政府购买服务与市场化运作相结合原则；坚持先重点保障老年人中的失能老人和特殊群体老人，再逐步惠及全体老年人的原则；坚持专业化居家养老服务与社区义务服务、邻里互助相结合原则；实行统筹规划与分类指导相结合原则。

②前期宣传。在辖区内开展社区居家养老理念的宣传活动，将开办社区居家养老服务中心的消息广泛告知辖区居民，公布服务项目及收费

标准。辖区居民若有此项需求,即可到社区进行登记,申请社区居家养老的服务。

③人员培训。社区居家养老服务中心邀请专业人员对社区服务人员进行服务培训,统一服务标准,提高服务水平,做好服务态度好,服务水平高。

④过程管理。社区居家养老服务中心对服务实行全程化管理。服务对象向服务中心提出申请后,社区居家养老服务中心对申请人进行详细情况登记,建立申请人员档案,与服务对象签订服务协议。提供服务的过程中,社区居家养老服务中心与服务对象通过沟通,根据服务对象的反馈信息不断完善居家养老的各项服务。服务结束后,请服务对象对服务人员及所提供的居家养老服务进行满意度评价,参考评价结果,社区居家养老服务中心对服务人员定期进行考核。根据服务项目进行编制老年人服务方案,其中包括服务内容、服务流程、人员配置、实施设备。服务机构也可以对特定服务对象进行编制个人服务方案,包括服务项目、服务场所、提供的方式和时间、所需要的服务人员、其他注意事项。

**知识链接**

本着服务社会、服务老人、互助互利的原则,为营造温馨、舒适、安全的环境,保证居家养老服务质量,规范服务行为,切实保障老年人的合法权益,明确各自的权利义务,结合当前有关养老的规定,社区居家养老服务协议应由服务内容和标准、甲方的权利和义务、乙方的权利和义务、解除协议、违约责任、其他约定等组成。

## 97. 社区居家养老服务的一般流程有哪些?

(1)申请服务的一般流程

申请人到社区提出申请并填写申请表,提交材料进行证明,社区对服务人员进行初审并分出服务类型,无偿服务对象、抵偿服务对象、有偿服务对象这三类,并由社区居委会二次审核并上报街道审批确定服务类型。将审核结果告知服务对象,若有异议可在5个工作日内向社区服务站申请复核,社区居委会复核并上报接到审批。最后社区对服务对象进行登记并通知助老服务员上门服务。

(2)开展服务的一般流程

①建立专业服务关系。一要寻找合适的案主。在社区中通过居委会或者机构宣传招募等方式寻找适龄老人,进行评估,筛选出符合条件的服务对象。二要通过茶话会的形式把服务对象召集起来,向服务对象讲解本机构居家养老上门服务项目。

②上门服务

上门服务前的准备。在上门前,要对服务对象基本情况有一个较深入的了解。在签订协议时,与服务对象确认服务时间,了解服务对象的需求,确定每次服务的内容。同时,准备上门服务所需要的实际物资。

上门服务的过程。

*注意着装:工作人员应穿戴好工作衣、佩戴工作牌。

*注意言行举止:轻敲三下门,等待服务对象或其家人开门。做自我介绍,并说明来意。注意说话语气、语调、语速及不要触犯老人及其家人忌讳。

进门开展服务。

* 与服务对象确认服务内容。观察服务对象家庭状况，以便分析在服务开展过程中应该避免哪些触犯服务对象或其家人的忌讳之处。

* 开展服务时需保持良好的服务态度。保持微笑，使用敬语。

* 服务人员严格按照机构服务标准开展相应服务。

* 现场与服务对象进行沟通，了解服务对象对本次服务的满意度和对服务不足之处的意见和建议。

上门服务的结束。

* 征求服务对象的同意，在相关服务表上签字确定服务。有少数发达地区已使用二维码确定开始服务时间与结束服务时间。

* 服务人员离开前请求服务对象检查相关财物。

③服务评估

机构评估人员或委托第三方对服务内容、服务能力进行评估，对服务对象进行满意度调查，以保障服务质量。

④服务跟进

电话反馈并约定下次时间。

**知识链接**

社区居家养老服务标准如下：

(1)服务人员在工作时间应统一着装，佩戴工牌。接到服务指令后，在规定时间内提前10分钟到达。

(2)仪容仪表端庄、大方、整洁。

(3)使用文明用语、语言简洁、清晰，能与老年人进行良好的沟通。

(4)服务人员应遵守保密原则，对服务对象的隐私保密。

(5)服务人员不得接受服务对象及其家人任何形式的馈赠。

(6)服务人员在服务时间内，要做好自身安全防范措施，同时不给服务对象家里留下安全隐患。

(7)应在服务对象有监护人陪同的情况下展开服务。

(8)服务结束后,要主动询问服务对象的意见,现场真实填写服务表的相关内容,并邀请服务对象在上面签名确认。

## 98. 社区居家养老服务咨询与申请的内容有哪些?

社区居家养老作为一种新型的社会化养老模式,从形式上看有两种,一种是走进去,另一种是请出来。无论何种形式,在实际运用中都会有地方特色和地区差异。由于各地政策层面及养老事业发展的差异,目前全国没有统一的社区居家养老服务标准。各地开展的社区居家养老服务内容虽然各有不同,但也有一些共同点。

(1)社区居家养老服务咨询

①政策咨询

各地根据自身发展情况,制定了一系列地方相关政策,涉及养老方面法规近千条。例如,北京市制定《北京市社区居家养老服务条例》和《社区居家养老服务“养十条”》对社区居家养老服务应该提供的服务,老年人在服务中应享有权利,政府的义务责任等方面作出说明;深圳市2007年出台了《深圳市社区居家养老服务实施方案》,面向全市推广社区居家养老服务模式。

各地区社区居家养老机构可以在当地民政部门查询到相关政策文件,应整理、归类后通过社区的网络平台公布给社区居民。不同社区居家养老服务机构的服务对象是有差异的。有的机构主要接受高龄、轻度失能失智和失能老人(无传染性疾病和精神疾病);而有的主要提供上门服务;有的既提供上门服务,又接受入住。工作人员应根据各自机构的实际情况为居民进行介绍。虽然各地出台了一系列补贴优惠政策,但在实际服务过程中,却出现了以下问题:失能、半失能的老人,或是住在楼房的老人与外界联系不多,主要信息来源于电台报纸,对政策缺乏了解;部分老人不太关心政策内容,也不注重政策的变化;部分社会工作者,甚至包括基层的社区工作人员对政策的理解能力不足,面对老人的咨询未给出全面解答;部分优惠政策没有落实到老人身上,而他的子女或亲属才可享受。社区居家养老服务中心作为政府的一个辅助功能,需要工作人员是“全方位人才”,既能透彻了解政策,又能向老人讲述清楚。

②费用咨询

具体费用根据当地政府指导价或定价来收取。一般情况下,分为两种情况,一种是提供上门服务费用,另一种是将老人送来机构的费用。

上门服务费用收取有的按小时计算,有的按服务内容及项目计算。在用餐方面则较为灵活,既接受长期用餐也允许临时用餐,长期用餐可按月、季度、年度结算,临时用餐则可按次数计算。送到机构临时托管的则按天计算,长期托管的则按月或季度、年度收取费用。

通常入住时机构会要求收取保障金,收取保障金是处于对老年人突发疾病就医的保障以及子女不方便缴费时临时进行冲抵等考虑。

③服务内容咨询

大部分养老机构都可以提供基本的生活照护,包括助餐、助浴、助洁、助涤、助行、助医等服务。

**社区居家养老服务基本内容和要求(附表如下)**

| 序号 | 服务项目 | 服务内容 | 服务要求 |
| --- | --- | --- | --- |
| 1 | 生活护理 | 1. 个人卫生护理<br>2. 生活起居护理 | 1. 洗漱等个人卫生应协助到位,容貌整洁、衣着适度、指(趾)甲整洁、无异味。<br>2. 饮食、如厕等应协助到位。<br>3. 定期翻晒、更换床上用品,保持床铺清洁、平整。<br>4. 用于生活护理的个人用具应保持清洁。 |
| 2 | 助餐 | 1. 集中用餐<br>2. 上门送餐 | 1. 符合国家和本市食品安全法律法规的规定。<br>2. 尊重老年人的饮食生活习惯。<br>3. 注意营养、合理配餐,每周有食谱。<br>4. 提前一周为用餐老人预订膳食。<br>5. 助餐服务点应配置符合老年人特点的无障碍设施。<br>6. 送餐运输工具应保持清洁卫生,餐具做到每餐消毒。<br>7. 助餐服务点及送餐运输工具应有统一的社区居家养老服务标识。 |
| 3 | 助浴 | 1. 上门助浴<br>2. 外出助浴 | 1. 助浴前应进行安全提示。<br>2. 助浴过程中应有家属或其他监护人在场。<br>3. 助浴过程中应注意观察老年人身体情况,如遇老年人身体不适,协助采取相应应急措施。<br>4. 上门助浴时应根据四季气候状况和老年人居住条件,注意防寒保暖、防暑降温及浴室内通风。<br>5. 外出助浴应选择有资质的公共洗浴场所或有公用沐浴设施的养老服务机构。 |
| 4 | 助洁 | 1. 居室助洁<br>2. 物具清洁 | 1. 保持卧室、厨房、卫生间等居室内部整洁,物具清洁。<br>2. 保洁用具应及时清洗,保持清洁。 |
| 5 | 洗涤 | 1. 集中送洗<br>2. 上门洗涤 | 1. 洗涤前应检查被洗衣物的性状并告知老年人或家属。<br>2. 集中送洗应选择有资质的洗衣机构或有洗涤设施的养老服务机构。<br>3. 集中送洗送取衣物时,应做到标识清楚、核对准确、按时送还。<br>4. 上门洗涤应分类洗涤衣物并做到洗净、晾晒。<br>5. 贵重衣物不在本洗涤服务范围之内。 |

续表

| 序号 | 服务项目 | 服务内容 | 服务要求 |
|---|---|---|---|
| 6 | 助行 | 1. 陪同户外散步<br>2. 陪同老人外出 | 1. 助行服务一般在老年人住宅小区及周边区域内。<br>2. 助行服务应注意途中安全。<br>3. 使用助行器具时应按助行器具的使用说明进行操作。 |
| 7 | 代办 | 1. 代购物品<br>2. 代领物品<br>3. 代缴费用<br>4. 代办证件<br>5. 代邮物品 | 1. 代办服务范围一般为日常生活事务。<br>2. 代办服务时应当面清点钱物、证件、单据等。 |
| 8 | 相谈 | 1. 谈心交流<br>2. 读书读报 | 1. 相谈服务应以舒缓心情、排遣孤独为原则。<br>2. 预先了解老年人兴趣爱好等情况。<br>3. 相谈过程中应与老年人保持良性互动。 |
| 9 | 助医 | 1. 陪同就诊<br>2. 代为配药 | 陪同就诊的情况为：<br>1. 常见病、慢性病复诊。<br>2. 辅助性检查。<br>3. 门诊注射、换药。<br>代为配药：<br>1. 代为配药的范围为诊断明确、病情稳定、治疗方案确定的常见病、慢性病。<br>2. 一般到老年人居住地所在区域范围内的医疗机构。<br>3. 应做到当面清点钱款和药物等。 |
| 10 | 安全守护 | 1. 接受紧急呼叫<br>2. 定期上门查看<br>3. 定期电话查询 | 1. 对政府补贴对象做到定期上门和电话查询服务。<br>2. 应制定应急处理预案，接到紧急呼叫，应通知相关机构及时赶到服务对象家中。<br>3. 为有需要的老人安装呼叫终端。 |

此外，有部分老人在上表基础上需要更多个性化的治疗或服务，包括但不限于：医疗治疗及紧急救治、康复训练、各类休闲娱乐活动。社区居家养老机构应尽量创造条件为老人提供个性化服务。

(2)社区居家养老服务申请

①申请者需符合的条件

社区居家养老服务机构的服务对象首先是社区老年人,通常是指60岁及以上年龄的人;其次,应按照就近原则,服务本社区或邻近社区。应该说,老人有需求即可申请。

②申请方式

通过网络平台、面对面咨询、现场参观等方式,了解是否符合自身或家里老年人的养老需求。通过网络、电话或者当面交流等方式确定是否有床位或是否能提供所需服务。按要求提供老年人或代申请人的基本信息供后续联系。申请服务的一般流程参见上节内容。

**知识链接**

在社区居家养老服务咨询中,还有管理与质量监督咨询。管理与质量监督咨询主要包括服务机构、服务人员、信息公示、服务对象、服务内容核定、协议签订与终止、意外事件处理等。

## 99. 社区养老服务的接待工作及要求有哪些?

社区居家养老服务接待工作在第一时间向来访者提供有效信息、传递人文关怀;是机构的形象大使,也是掌握和了解居民需求的重要岗位。接待工作人员是居民与机构之间重要的联系人,接待工作包括介绍机构基本情况;引导来访者参观机构环境;解答来访者关于政策、费用等提问;整理并登记好来访者信息。

(1)接待流程

①向来访者问好

要善于观察和发现来访者,主动上前问好。社区居民中,老人和其子女来咨询的比较多,要顾及老人的身体状态,接待处可以准备轮椅以便必要时使用。通过问好用心发现、观察老人的听力水平和交流能力。

②自我介绍

向来访者介绍自己,同时指引来访者进入接待处落座,根据来访者喜好提供饮品。

③介绍本机构基本情况及企业文化

根据各机构接待处所具备的条件和提供的资料选择适合的介绍方式。比如有的机构使用纸质宣传册,有的是直接用平板电脑呈现资料。可以根据实际情况以及来访者意愿选择合适的介绍方式,主要介绍内容通常包括机构的整体情况,比如出资方、管理理念、成功案例、所获荣誉、未来发展目标等。另外,也可介绍所在机构的总体情况,如建筑面积、照护床位张数、托管方式等。同时,也要介绍服务内容,包括但不限于提供居家养老、休闲娱乐等。

④详细介绍机构内各区域及其功能

不同社区养老机构在布局和设计上均有差异,但主要功能还是相同的:主要是老人休息区域及活动区域。如果按照房间容纳人数,休息区域又分为单人间、双人间或多人间;按照不同情况老人的入住需求又可以分为特护区、介助区、自理区。如果床位不紧张,各类休息区域可以设立一个样板间供参观使用,床位紧张的情况下要征得老人同意再带入参观。

休息区域。该区域要区分各类不同房间和不同需求类型房间的区别,突出人性化的设施设备,例如特护床的自动功能等。同时一定要突出保障安全的设施设备，比如一键呼叫器、卫生间扶手、防走失报警系统等。

活动区域。每个机构的活动区域有所差别，有的机构有类似大厅的走廊，平时老人休闲娱乐或吃饭都在这个区域；也有机构有专门活动的区域或房间，该区域往往只能开展一种指定的活动。无论是哪种类型和结构，都需要满足老人除睡眠以外的身体活动需求。常见的社区居家养老机构设有手工房、图书角、棋类及书法房。设置和配备较好的还有游泳池、音乐厅。在介绍任何一个功能区域前，要说明当前所处位置。

其他区域。除以上区域外，还设有接待处、就餐区、工作人员办公室，有的还有学习室、医务室、花园等。这些区域的配置保障了老人的安全和健康，不仅是身体上也是精神生活富足的保障。

服务能力介绍。机构工作人员对所在机构的优势有充分了解，在给老人或来访者介绍时，应专门突出地介绍，以达到宣传机构服务老人的目的。需要注意的是，在介绍机构情况和各类功能区域时，如果来访者不愿倾听，而是不断提出问题，就不必介绍机构或功能区的特点，直接回答问题即可。

(2)基本要求

不同社区居家养老服务机构里接待工作在具体任务的安排方面有一些差异，但这个岗位对从业人员有一些共同要求：

①对养老事业有爱心，对来访者有耐心。这个岗位的工作是繁杂的、琐碎的，主要来访者为老人及其家人，部分老人可能因为记忆减退会反复问同一个问题，确实需要接待人员特别有耐心。

②非常熟悉办理各类业务流程。由于服务内容较多，老人个体需求差异大，要在短时间内提取有效信息应对来访者的需求，需要熟悉各类业务的流程。

③熟悉机构及社区环境，知晓每个区域的功能及用途。每位老人的情况都不同，所需要的服务涉及的环境和区域也不同，无论是初次到达还是常住，经常会遇到被问及某某区域的位置，工作人员要特别熟悉机构内的环境和分布，才能更好地服务于老人。

④熟悉每个服务项目的价格及不同服务类型的收费方式。老人往往比较关心价格，不同需求的老人需要支付的费用也有所差别，只有熟悉收费详情，才能快速帮助老人进行初步的价格估算。需要注意的是，只能是估算，具体数额应以相关财务部门收取的最终金额为准。

⑤具有入住评估的能力。在咨询过程中，经常会被问到入住价格。为了更好地服务来访者，工作人员学会简单的入住评估很有必要。

⑥了解机构发展历史及文化内涵。作为社区居家养老机构的一员，需要充分了解机构的发展历史和使命，才能更好地将个人的发展与机构的发展结合起来，才会更有目标与方向感。

**知识链接**

作为居家养老机构的工作人员，除了具备上述六个基本要求外，还需要保持干净整洁、端庄大方的仪表，以及相应的沟通交流技巧。

## 100. 日常生活照料操作的内容及基本要求有哪些？

老年人的日常生活照料，无论是居家上门服务，还是老年人接受社区居家养老服务中心的服务，其主要内容都包括个人清洁卫生、日常修饰照料、口腔清洁照料、饮食照料、排泄护理照料等。

(1)个人清洁卫生照料

个人清洁卫生服务又称为“身体清洁”,既是老年人生理健康的需要,也是心情愉悦的需要。通过对身体表面的清洁,达到消除疲劳,促进血液循环,改善睡眠,提高皮肤新陈代谢和增强抗病能力的目的。

老年人沐浴的种类主要分为三种:淋浴、盆浴和床上擦浴。

①协助老年人淋浴

协助老年人淋浴应遵循以下步骤有序进行:淋浴评估及工作准备、坐稳洗浴、擦干更衣、整理用品。协助老年人淋浴应注意以下事项:老年人身体状况较好,要求单独洗浴时,浴室不要锁门,可在门外把手悬挂示意标牌,并不时询问是否需要帮助。地面应放置好防滑垫,叮嘱老年人穿防滑鞋,防止摔倒。协助老年人穿、脱去衣裤时,若遇一侧肢体活动障碍者,则先脱健侧,再脱患侧;先穿患侧,再穿健侧。应先调节水温再协助老年人洗浴,水温调节应先开冷水再开热水。洗浴时间应安排在老年人进食一小时后,且淋浴时间不宜过长,水温不宜过高,以防发生缺氧、头晕等不适感。洗浴过程中随时询问、观察老年人情况,如发现老人不适情况应迅速结束操作并告知专业医护人员。

②协助老年人盆浴

协助老年人盆浴应遵循以下步骤有序进行:盆浴评估及工作准备、坐稳洗浴、擦干更衣、整理用品。协助老年人盆浴应注意以下事项:浴盆内应放置防滑垫,以防老年人摔倒。洗浴时间应安排在老年人进食一小时后,且盆浴时间不宜过长,水温不宜过高,以防发生缺氧、头晕等不适感。洗浴过程中随时询问、观察老年人情况,如发现老人不适情况应迅速结束操作并告知专业医护人员。协助老年人穿、脱去衣裤时,若遇一侧肢体活动障碍者,则先脱健侧,再脱患侧;先穿患侧,再穿健侧。

③为老年人床上擦浴

为老年人擦浴应遵循以下步骤有序进行：床上擦浴评估及工作准备。顺序擦浴：面部（眼睛、额部、鼻部、面颊、颈部）；手臂；胸部；腹部；背臀部；下肢；足部；会阴。整理用物。

为老年人床上擦浴应注意以下事项：擦浴过程中动作要轻稳，老年人身体暴露部位应及时遮盖，以防着凉。随时更换清水，注意调整水温。擦洗过程中，观察老年人反应，如出现寒战、面色苍白等情况，要立即停止擦浴，进行保暖，并及时通知医护人员。清洗会阴部、足部的毛巾和水盆应分开单独使用。

（2）日常修饰照料

①穿着鞋袜

老年人着装不仅要美观、保暖，更要舒适、健康，老年人穿衣服务具有实用、舒适、整洁、美观四个特点。有些老年人由于年高体弱，自理程度下降，或血液回流功能减弱等原因，需要护理员掌握快捷的穿衣方法。在协助帮穿衣裤的同时，选择更为适宜老年人穿着的鞋袜。勤换洗袜口不过紧的棉质袜子，具有柔软、舒适特点的鞋是老年人鞋袜的最佳选择。

②穿着上衣

协助老年人更换开襟衣服。护理人员做好环境、物品准备以及换衣准备。老年人以仰卧位，护理员一手扶肩，一手扶髋翻身侧卧脱去一侧衣袖，随后协助取平卧位于身下拉出清洁的和更换的上衣，同法穿好另一侧衣袖，扣好纽扣，拉平、整理衣身、衣袖、衣领，盖好棉被。协助过程中应注意操作轻柔快捷，避免着凉；协助老年人翻身时，应注意安全，必要时安装床挡。

协助老年人穿脱套头衫。老年人端坐于座位，护理人员将套头上衣由下而上拉至胸部，一手托头由背后向前脱下衣身，一手扶肩，一手拉近侧袖口脱下衣袖，同时脱另侧衣袖。护理人员协助老年人穿套头衫时，应一手从衣袖握住老人手腕，穿好衣袖后，一手托头，一手握衣背开口至领口，套入头部，将衣衫整理平整，取舒适卧位，盖好衣被。协助老年人座位穿衣时应注意安全。

更换裤子。护理人员做好换衣准备。老年人取仰卧位，护理人员为老年人解开腰带、裤扣，协助左倾，拉右侧裤子至臀下，右倾，拉左侧裤子至臀下，叮嘱屈膝将裤子褪至膝下，抬腿分别褪去裤腿。协助更换清洁裤子时，应手穿裤口至腰开口，抓脚踝提拉裤管，拉住裤腰提至臀部；协助左倾，拉右侧裤腰至臀部，同法拉左侧后系好裤扣、裤带，盖好被子。协助穿脱裤子过程中不可硬拽，以免损伤皮肤。

仪容仪表修饰。所谓“仪容”指人的外观、外貌。“仪表”即人的外表。仪容仪表包括人的容貌、服饰和姿态等，修饰仪容仪表的基本原则是美观、整洁、卫生、得体。具体的老年人仪容仪表修饰，包括保持老年人面部清洁、头发清洁整齐、定期修剪指(趾)甲、口腔清洁、身体无异味、穿着得体等方面。

(3)口腔清洁照料

老年人机体抵抗力下降且对细菌清除能力减弱，更容易滞留食物残渣，使细菌大量繁殖，造成口腔炎症、溃疡、口臭及其他并发症。老年人口腔清洁分为自理、半自理的清洁法(漱口、刷牙)与无法自理的口腔清洁法(棉棒擦拭或漱口)，如有老年人佩戴义齿，应当进行义齿清洁、佩戴服务。

协助老年人漱口时应注意以下事项：每次漱口水不可过多，防止呛咳或误吸；卧床老年人漱口时，口角垫好毛巾避免打湿被服。协助老年人刷牙时应采用竖刷法清洁牙齿外侧面，上牙自上而下，下牙自下而上刷洗内侧面，螺旋刷洗咬合面，轻摩牙龈后漱口的方法，操作过程中应动作轻柔,避免牙龈损伤。协助老年人棉棒擦拭清洁口腔应遵循由内而外擦拭外侧面、内侧面、咬合面,轻按牙龈,擦拭两颊、上颚、舌面、舌下的顺序,过程中棉棒不可反复使用,且蘸水后应轻压挤水,防止呛咳;避免过于靠近咽部,防止恶心等不适感。

(4)饮食照料

随着年龄增加,老年人身体机能退化,咀嚼消化能力下降,饮食中的营养吸收能力减弱,易影响其身体健康。护理人员在饮食照料上应保证食物色香味的同时,还应协助老年人取得正确进食体位,选择适当进食方法,观察食后情况,及时救助,处理噎食、误吸等情况,保障老年人饮食健康、安全。

老年人饮食结构应遵循以下原则:①减少单糖及双糖的食物,放宽对主食类食物的限制;②限制脂肪摄入量;③食用优质蛋白质;④多食含纤维素的食物;⑤多食含维生素的食物。如此使老年人膳食多样化,保持营养素平衡和营养素之间比例适宜,形成适合老年人的科学合理的饮食结构。

①饮食结构的选择

老年人消化器官功能减退,对食物的消化、营养的吸收功能随之下降,因此老年人膳食应注意多样化,多食杂粮、豆类、鱼类、蛋类、奶类、海产品类、蔬菜和水果等,保持营养素的平衡,坚持科学、合理饮食。

老年人饮食种类的选择根据咀嚼、消化能力及身体状况分为普通饮食、软质饮食、半流质饮食和流质饮食四种,多选择对老年人有益的饮品如白开水、豆浆、酸奶、红葡萄、鲜榨果汁、绿茶等。根据老人具体身体情况,选择适合老年人服用的高热量饮食、高蛋白饮食、低蛋白饮食、高纤维素饮食、低纤维素饮食、低盐饮食、低脂肪饮食、低胆固醇饮食、无盐(低钠)饮食等,在满足老年人基本膳食的基础上,通过增加或减少某种营养素，促进老年人疾病的康复，延缓疾病的发展，避免或减少并发症的发生。

②进食时间及频次

根据老年人生活习惯，合理安排进餐时间。一般早餐时间为早上6～7时，午餐时间为11～12时，晚餐时间为下午5～7时。老年人在保证一日三餐外，可适当在晨起、餐间或睡前补充一些糕点、牛奶、饮料等，以适应老年人肝糖原储备减少及消化吸收能力降低等特点。

③进食量和进食速度

老年人每天进食量应根据早中晚的活动量均衡分配到三餐中。主食"宜粗不宜细"、蛋白质宜"精"、脂肪宜"少"、维生素和无机盐应"充足"。适宜的进食量有利于维持正常的代谢活动，增强机体的免疫力，提高防病抗病的能力。老年人不进食过热的食物，食物以不烫嘴为宜，进食过冷容易伤脾胃，影响食物消化、吸收；进食过热的食物会烫伤口腔黏膜。老年人进食速度宜慢，有利于食物的消化和吸收，同时可预防在进食过程中发生呛咳或噎食等情况。

④进食方式的选择

根据老年人身体自理能力的不同，并结合其身体状况、疾病特点等，其进食方式可采用自理进食、协助（半自理）进食、喂食或鼻饲管喂食等方法。其中，鼻饲是将导管经鼻腔插入胃内，从管内灌注流质食物、水分和药物的方法，其主要目的是为不能经口进食的老年人从胃管注入流质食物等以维持生命。鼻饲法多用于意识障碍、痴呆不能由口进食的老年人；因脑血管意外导致经口进食困难或进食后严重呛咳的老年人及其他原因引起的进食困难的老年人。鼻饲饮食种类可分为混合奶、匀浆混合奶和要素饮食三类。

⑤进食体位的选择

老年人进食体位是根据老年人自理程度及病情，采取适宜的进食姿势使利于进食，增进食欲和进食量，同时避免因不良体位引发的呛咳、误吸、噎食、窒息等意外。若老年人可完全自理或上肢功能较好时，尽量采用坐位进食；若病情危重或卧床时，应避免平卧位，采用半卧位，头偏一侧进食，避免呛咳等意外发生。

⑥协功老年人进餐注意事项

* 食物温度适宜。食物温度太高会发生烫伤，温度太低则会引起胃部不适。

* 老年人进餐后不宜立即平卧，以防止食物反流。

* 对于咀嚼或吞咽困难的老年人，可将食物打碎成糊状，再协助进食。

* 老年人进食中发生呛咳、噎食等现象，立即急救处理并通知医护人员或家属。

* 开水晾温后，再递交到老年人手中或进行喂水，防止发生烫伤。

* 老年人饮水后不能立即平卧，防止反流发生呛咳、误吸。

* 对不能自理的老年人每日分次定时喂水。

* 流质治疗饮食可使用瓶装或袋装塑封，防止污染。

(5)排泄护理照料

排泄是维持生命的必要条件。人体只有通过排泄才能将机体新陈代谢的产物及废物排出体外，维持身体内环境的协调平衡。老年人因自理能力下降、机体功能减弱或疾病等原因均可导致排泄功能障碍。护理人员根据老年人身体状况，应协助其采取适宜的排泄体位、方法，以减轻老年人排泄时的不便和痛苦。

排泄是机体将新陈代谢的产物与机体不需要或过剩的物质排出体

外的生理活动过程。排泄途径有皮肤、呼吸道、消化道及泌尿道，而消化道和泌尿道是最主要的排泄途径，即排便和排尿。老年人排泄异常通常表现为便秘、粪便嵌顿、腹泻、排便失禁、肠胀气。排尿异常分为尿失禁和尿潴留。排泄异常的护理通常需要先了解病因，便于进行针对性护理，进行膳食调整、补水、根据身体情况适量增加活动量，保持私处清洁等工作，促进恢复，严重时可采用缓泻法、灌肠法或口服补盐液、静脉滴注补充水电解质等方法协助排便。排泄护理技能要求包括帮助卧床老人使用便盆及尿壶排泄、为老年人更换尿垫和纸尿裤、采集老年人二便标本、使用开塞露辅助老年人排便、协助老年人呕吐时变换体位等。

**知识链接**

在老年人的日常生活照料中，除了上述照料外，还有压疮预防照料。卧床老年人最易出现的问题就是压疮。护理人员要经常为老年人翻身，使其保持皮肤清洁，勤更换内衣及被褥，避免局部长时间受压，认真执行护理措施，这样就可以减少压疮的发生。目前，市场上用于预防压疮的产品有压疮垫、楔形垫、软枕和透明膜等。

预防压疮应重点观察卧床老年人的如下情况：重点查看骨突出和受压部位的皮肤情况，如有无潮湿、水疱、破溃等，压红及压红消退时间；了解老年人皮肤情况，如弹性、温度、颜色等；了解老年人躯体活动能力，如有无肢体活动障碍、意识状态等；了解老年人全身状态，如发热、消瘦或肥胖、两便失禁、水肿等。由此评估老年人发生压疮的可能性，对将发或已发的老年人采用定时被动变换体位，至少每 2 小时一次。受压皮肤解除压力 30 分钟后，压红不消者缩短翻身时间。建议长期卧床的老年人采用充气床垫，对骨突出皮肤减压时，可使用透明贴膜保护。日常应做好私处清洁，饮食方面应少食多餐，采用高热量、高蛋白、高纤维素、高矿物质，增强机体及皮肤的抵抗力。

## 101. 康复护理的内容及基本要求有哪些?

老年群体发病率高的特征,决定了“老有所医”成为老年人的主要社会需求。康复护理服务是老年人第一位的需求,它可以分为宏观和微观两大层面。

(1)康复护理宏观层面

①提供社区医疗卫生服务

我国现有的医疗保健机构还不能完全满足老年群体“老有所医”的健康需求,所以要发展社区卫生服务,形成老年疾病预防、老年医疗保健和老年康复护理的三级网络,延长老年人寿命,提高老年人的生命质量。

在老年疾病预防方面,利用社区资源,开展各种老年人喜闻乐见的健康宣传教育,提高老年人疾病预防和控制的能力;为社区居家老人建立健康档案、提供居家老人疾病咨询和心理卫生指导。

在老年医疗保健方面,普及社区卫生保健中心,使老人在社区内就近接受医疗保健开设的“家庭病床”和“社区病床”,既可以方便老人就诊,还可以降低医疗费用。组织社区医护人员建立对居家老人的定点巡诊制度,使社区医生不仅可以从病理角度行医,同时可以深入了解居家老人生病的心理因素。

在老年人身体康复方面,建立社区卫生保健中心与上级医疗机构的转诊制度,为转诊下来的老年病人提供社区康复医疗服务,合理利用卫生资源,帮助居家老年病人节约医疗开支。

②提供社区康复护理服务

定期举办老龄健康讲座。利用社区“老年之家”等活动场所,邀请老龄康复护理专家，开展针对老年人需求的各种健康讲座，提高老年人对疾病的预防意识和能力。该任务主要由社区组织，市、区、街道三级政府支持，市、区卫生部门配合，同时鼓励社会力量参与。

完善社区卫生站的服务功能。上门服务或居家护理是居家养老人员接受社区卫生健康服务的重要方式，也是社区卫生站的主要职责。社区卫生站要完善老年人健康档案。社区全科医生要建立巡视门诊制度：定期从大医院派医生到社区卫生站坐诊，方便老年人特别是老年妇女看病；满足老年人合理的药品需求等。

拓展老年康复护理的运营方式。培育老年康复护理的准市场化运营方式，服务内容包括陪同看病服务、家庭病床、专业健康护理、急救服务、代办取药、体检和康复等。贫困老年人的护理费由市、区、街道政府分担；其他老年人的护理需求采取市场化运作。建议国家人社部门、卫健部门出台有关政策，把家庭护理和家庭病床的费用纳入报销范畴。

(2)康复微观层面

①具体服务内容

群体康复。群体康复是指借助社区卫生和养老服务等公共服务场地设施，组织和指导 3 人及以上老年人群体开展肢体功能性康复训练。

个体康复。个体康复是指由专业康复治疗师(士)上门为有康复需求的老年人提供被动运动、辅助运动的肢体功能性康复训练，以及保健性康复。

②服务要求

* 根据需求配备相应的康复器具。
* 项目设置需符合老年人的生理心理特点，群体康复有计划。
* 个体康复由专业人员或在专业人员指导下按计划实施。
* 告知老年人康复训练的目的及安全注意事项，量力而为。

* 康复过程中注意观察老年人的身体情况，并予以记录、评估。

* 康复过程中注意防跌、防过度，保护老年人安全。

知识链接

在康复护理服务中，还需要为老年人提供心理健康指导及用药指导。老年人进入老年期后，会产生一系列身体和心理上的变化，尤其是心理健康问题已成为近年来医疗卫生事业共同关注的焦点。随着人类疾病谱、死亡谱的转变，以高血压、糖尿病、心脑血管病等为主的慢性非传染性疾病的危害日益严重，是老年人残疾和死亡的主要原因，其致病原因多与社会心理因素有关，因此，对老年人进行心理护理及健康教育就显得非常重要。它不仅可以预防疾病，也可以预防生理改变给老年人带来的影响，使老年人保持良好的心理状态，提高老年人的生活质量，从而促进老年人健康长寿。医护人员通过采取相应的心理健康指导方法，帮助老年人正确面对疾病，有针对性地介绍疾病的基本知识，增强自我保健和照顾能力，消除各种心理问题。

## 102. 社区老年人医疗保健服务的内容有哪些？

（1）社区老年人医疗保健服务的内容

①建立家庭保健员志愿服务队。在社区成立一支家庭保健员志愿服务队，邀请医疗专家定期对社区家庭保健员志愿者进行老年疾病的业务培训，提高家庭保健员的专业水平。家庭保健员与社区的残疾、孤寡、空巢老人结成帮扶对子，对老年人进行慢性病防治知识和技能的指导，提高老年人的自我健康管理水平。

②社区老年人义诊体检活动。开展老年人体检活动，通过体检，老年人能够及时了解自己身体的状况，做到疾病早预防、早诊断、早治疗。开展老年人义诊活动，在“3・5”学雷锋日、“4・7”世界卫生日、“5・8”世界红十字日、“12・5”世界志愿者日等纪念日，在社区人流密集地点或社区活动室开展针对老年人的义诊咨询活动。

③成立社区老年人病友之家。根据不同的病种成立“老年人病友之家”，如高血压、糖尿病、冠心病、脑血管疾病等四类慢病的病友之家。结合疾病特点，定期组织病友之家成员开展健康讲座、病友沙龙、联谊活动等。在活动中，病友们能够互相沟通、信息共享，从而提高老年人的慢性病防治意识和疾病监控能力，进而提升老年人的生活质量。

④社区老年人健康讲座与指导。讲座内容可包括：听力健康、帕金森病预防、急救自救、肠道健康、雾霾天气下健康防护、阿尔茨海默病防治、心脑血管疾病防治、高血压防治、糖尿病防治等。

⑤社区健康保健培训。老年人用药指导，为老年人提供用药知识的指导，减少老年人重复用药成本和不规范用药带来的风险，定期协助清理过期药品。安排老年照护人员培训，培训内容包括功能锻炼、用药指导、清洁卫生、生活护理等方面。安排老年人家属护理知识培训，提高家属的护理知识。安排社会工作者学习健康医疗和康复知识，以便树立科学的健康理念。

⑥陪同社区老年人就医。陪伴老年人就诊，在空巢老人、行动不便老人有就医需求时，经过预约，由志愿者协助提供交通工具，陪伴老人到医院挂号、缴费、就诊、检查、化验、取药，协助老人上下楼梯、推轮椅，解决老年人看病难的问题。协助老年人整理就医资料，志愿者协助老年人整理近期身体指标监测记录、服药记录单、患病情况等身体情况档案，方便老年人就医时提高效率，降低时间成本，及时得到就医。

⑦社区老年人健康评估监测及护理。为老年人健康评估建档,定期跟踪老年人的健康状况。上门健康监测服务,查实有无严重疾病及其并发症以及长期卧床后的压疮、感染、深静脉血栓等危险因素。进行老年人专业康复护理服务,派遣康复护理师上门为老年人提供运动、神经、语言等系统的康复服务。

(2)社区老年人群健康特点

①体质较弱。我国对于老年人的划分一般是在60周岁以上,此时,老年人的各项身体机能都处于退化的阶段。调查数据表明,在老年人中,有80%的人患有慢性疾病,这其中有50%以上的人患有两种或两种以上的疾病,而且,病情十分严重以至于生活无法自理的老年患者更是占据多数。由此可知,体质偏弱在老年人群体中是一种常见的特征。

②老年人心理问题。老年人由于岁月的不断流逝,开始出现认知能力减退的现象,已无法适应迅速发展的高科技时代,对自己的能力产生怀疑,不信任、焦虑和抑郁,并且产生无用感,加上可能出现的配偶去世、离退休、经济收入减少、子女外出无法沟通和缺乏照顾,以至于老人心理问题发生概率不断攀升。

③家庭自主养老人数逐渐减少。受我国以往计划生育政策影响,很多家庭只有一个孩子,而且大多数的家庭格局也逐渐的由核心化转变为小型化,以至于大部分老年人处于独居的状态,甚至依靠养老福利来生存。这种现象在农村地区尤为明显,由于外出学习、就业等人数的增加,子女对于老年人的保健工作根本没有提起足够的重视和关注,致使老年人患病的比例上升。

(3)社区开展老年人医疗保健服务工作的必要性

①社区保健服务满足多数老年患者的需求。老年人病患具有慢性病多、突发性强的特点。因此,老年人需要一些日常生活照料和护理。

许多老年家庭雇佣保姆照料生活，但保姆照料老人维持的时限是有限的，且由于大多数人缺乏专业护理知识，服务护理水平较低。长期照料服务主要是为生活不能自理的老年人提供生活照料、康复护理、精神慰藉和临终关怀等综合服务，以有效解决老年人长期照料问题。同时，在社区中有计划的发展“家庭病床”和“家庭护理员”等项目，也是我国今后解决老龄问题的一个方向。此外，长期照料服务专业性较强，涉及医疗、康复、护理、心理、临终关怀以及管理等多学科内容，仅靠家庭和政府是解决不了的，因此大力发展社区医疗保健服务中的长期照料服务很有必要。

②创建社区老年健康档案。在社区保健机构中，应为 60 岁以上的老年人创建健康档案。健康档案中应包括老年人的家庭情况、心理状况以及病理、生理等方面的资料，而且还应详细记录老年人的血糖、血脂、血压等健康指标。此外，老年人的家庭住址、电话信息等都应仔细记录，从而方便社区医疗服务人员对老年人进行定期的随访以及联系。创建老年人健康档案，可以使社区医疗服务人员准确掌握老年人的身体状况，有利于为老年人制定合理的保健服务。

③社区保健服务应适合老年慢性病患者。第一，老年人作为医疗卫生的主要消费群体，社区老年保健服务工作应为患有慢性疾病的老年人提供优质服务，使其不出家门就可以得到和在医院同样的治疗。当医生检查诊断后，社区护士既可立即给药，或提供各种肌注、静脉点滴、输氧等服务，同时根据医嘱上门进行治疗和护理，给患者创造一种新环境，使疾病早日康复；第二，老年人由于自身生理特点，各器官功能低下，一旦患病常是几种疾病同时存在，病情复杂且危重，需卧床休息，这就需要社区保健机构有较高的医疗技术及护理质量，医生具备老年医学专业知识，而护理工作也同样重要，如上门咨询指导，对因外伤或血管病造成的残疾患者，进行肢体训练，鼓励老年患者做适当的体力活动，增加患者对

抗疾病的信心，这样既可节省开支，又减轻了家庭成员的负担。

④重视老年人心理健康服务。大多数老年人的戒备心理都非常高，所以在对老年人开展健康咨询以及护理时，应保持较为适宜的距离和选择较为安全的环境进行。由于老年人可能会存在语言表述不清的情况，而且一些老年人可能会具有多种并发症，病情复杂，因此，对于一些存在疑问或含糊不清的问题应反复确认、仔细核实，避免由于病情描述不清而被延误，错过最佳的抢救时间。对于有语言表达障碍或是记忆功能障碍的老年人，应对其家属或照料人员进行病情询问。此外，在服务的过程中，医护人员应注意运用一些抚触等非语言性的沟通方式。同时保持耐心，因为老年人对日常生活中的诉说可以使其身心获得极大的满足感和幸福感，有利于老年人身心健康。

**知识链接**

在社区为老年人提供医疗保健健康服务的内容中，要重点关注老年人医疗健康应急救助。由于老年人患病人数多、病情复杂、发病较快等特点，需要根据社区空巢老人的分布、规模和日常应急救助需求等，组织招募一支由热心居民组成的社区医疗健康应急救助队伍。同时，开设社区 24 小时志愿服务热线电话，进行突发性疾病和事故的应急救助。

## 103. 老年人精神慰藉的主要内容及基本要求有哪些？

老年人由于生理机能的衰退，以及离退休、空巢、丧偶等，经常会出现各种各样的心理问题。这时，就需要对老年人进行精神慰藉。老年人精神慰藉的主要内容如下：

(1)招募心理慰藉志愿者。社区空巢老人的儿女常年不在身边,他们的生活比较枯燥,身边缺少说话的人。在社区招募有心理学知识的志愿者,定期为空巢老人提供心理慰籍服务,如电话问候、上门慰问,为老人读报、陪老人聊天等,帮助老人解开心结、快乐生活。

(2)定期陪老年人聊天。志愿者定期上门探访交流,与老年人建立融洽关系,排解老年人的孤单,给予他们更多关爱。主动了解老年人的基本需求,同时检查老年人家中的安全隐患。在了解老年人的需求之后,定期向社区反馈老人的基本生活情况。

(3)节日慰问活动。对于空巢、独居老人而言,越是节日越觉得寂寞。在春节、元宵节、端午节、中秋节等节日,到老年人家中开展慰问活动。比如在端午节,组织空集老人一起包粽子;在中秋节,组织空巢老人一起吃月饼。在慰问活动中,志愿者与老年人一起交流,使老年人感受到社区的关怀,能够重新认识自我,保持生命活力。

(4)举办社区敬老活动。为老年人过生日,为老人们表演文艺节目,给老人们送上自制生日贺卡、鲜花,给老人们吃生日蛋糕和长寿面。为老年人表演节目,组织文艺表演队伍为社区及敬老院的老年人表演唱歌、舞蹈等节目。开展社区寿星孝星评选,请寿星分享长寿秘诀。为老年人完成微心愿,对经济困难的空巢老人,争取和整合社会资源为其完成微心愿,即提供量身定制的"圆梦服务",如拍婚纱照、外出郊游等。

(5)社区老年人心理辅导。建立与老年人的信任关系,倾听老年人诉说内心苦闷,为老年人讲解心理健康和保健知识,缓解老年人因身体疾患而产生的情绪问题,与老年人建立初步信任关系。进行老年人心理知识培训,重点对离退休综合征、更年期综合征、老年人消极心理(孤独、抑郁等)、婆媳关系处理等心理问题进行培训。进行老年人个案辅导,由心理咨询师运用陪伴、尊重、理解和共情等心理咨询技巧,引导老人说出压抑已久的话，帮助其宣泄情绪。开展老年人团体辅导，针对老年人的心理特点，设计团体辅导方案，帮助老人之间建立信任关系。

(6)记录社区老年人人生故事。撰写老年人回忆录，回忆录详细记录老人当年的风采，并将制作好的回忆录交到老人手中，为他们当面解读回忆录。举办人生故事分享会，引导老年人一起回忆往昔，一起倾听、倾诉。在这个过程中，老人们彼此安慰、互相鼓励。通过互相分享，提升老年人的社交积极性，帮助老年人欣赏自我、树立积极的自我形象，减轻老年人的孤独感和无用感。

(7)社区老年人照片拍摄。为高龄老人拍摄个人照。拍照前，先积极与老人沟通，让他们充分放松，再及时进行抓拍；为老年人建立个人影像库，配以文字说明；拍摄后，举办社区老年人照片展。为老年人拍摄全家福，为社区中三世同堂或四世同堂的家庭免费拍摄全家福照片，为家庭天伦之乐的时光留下珍贵纪念。

(8)社区老年人婚姻介绍。在社区开设老年人婚姻介绍所，举办老人婚恋交友活动。对丧偶老人，应理解并支持他们正当的心理需求，鼓励他们再婚。主动为丧偶老人牵线搭桥，重组温馨家庭，排解老人晚年的孤独感和失落感。

## 知识链接

老年人精神慰藉的内容除了上述八个要点外，还包括其他重点老年群体心理服务。例如，帮助退休老年人适应社区生活，为其提供心理疏导服务，搭建交流平台、组织各种形式的文体娱乐活动。帮助外地老年人融入社区，组织外地老人参加文体娱乐活动，参加语言交流、礼仪知识等方面的学习，搭建起老人之间沟通交流的平台。为有自杀倾向的老人提供心理服务，促使其恢复心理健康，提高其晚年生活质量。

## 104. 老年人特殊群体精神慰藉的内容有哪些？

(1)老年抑郁症患者

①抑郁症的症状

抑郁是一种感到无力应付外界压力而产生的消极情绪。有抑郁症的老年人约占老年人总数的7%～10%，尤其在患有躯体疾病的老年人中，其发生率可达50%。随着人均寿命的延长和老年性疾病发病率逐渐增高，抑郁老年人的数量也随之增高。抑郁老年人常表现为情绪低落、兴趣丧失、思维迟缓、记忆力减退、失眠、食欲减退等一系列症状。

心境低落。主要表现为显著而持久的情感低落，抑郁悲观。轻者闷闷不乐、无愉快感、兴趣减退，重者痛不欲生、悲观绝望、度日如年、生不如死。典型患者的抑郁心境有晨重夜轻的节律变化。在心境低落的基础上，患者会出现自我评价降低，产生无用感、无望感、无助感和无价值感，常伴有自责自罪，严重者出现罪恶妄想和疑病妄想，部分患者可出现幻觉。

思维迟缓。患者思维联想速度缓慢，反应迟钝，思路闭塞，自觉“脑子像是生了锈的零件”。临床上常见的是言语减少，语速明显减慢，对答困难，严重者甚至连基本的交流也无法进行。

躯体症状。主要有睡眠障碍、乏力、食欲减退、体重下降、便秘、性欲减退等。躯体不适的体诉可涉及各脏器，如恶心、呕吐、心慌、胸闷、出汗等。另外，自主神经功能失调的症状也较常见，如睡眠障碍。睡眠障碍主要表现为早醒，一般比平时早醒2～3小时，醒后难以再次入睡，这对抑郁发作具有特征性意义。有的表现为入睡困难，睡眠不深；少数患者表现为睡眠过多。体重减轻与食欲减退不一定成比例，少数患者可出现食欲增强、体重增加。

②与抑郁症老人沟通时的注意事项

避免使用刺激性语言。有些抑郁的老年人对外界刺激性语言比较敏感，反而会加重抑郁情绪。因此，测评过程中，避免直接使用“抑郁”等刺激性的语言。

切勿强迫老人回答问题。在测评过程中，如果老年人出现强烈的情绪反应，如哽咽、哭泣等情况，不要机械地继续询问，可暂停片刻，递给老年人纸巾，通过抚摸等动作给予安慰，待其情绪稍微平复后，再继续进行测评，或者另外安排其他时间进行测评。

引导老年人倾诉自己的感受。在询问抑郁原因时，尽可能采用开放式问题，鼓励、引导老年人倾诉内心的感受。在倾听的过程中，要表现出专心的态度，并适时通过目光、点头、握老年人的手、递纸巾等动作，表达对老年人的关心。

正确的情绪疏导。

*做好与其他专业人员的沟通。在制定心理疏导方案时，应与社会工作者、护理人员等专业人员进行沟通，在共同商讨的前提下，制定心理疏导方案。必要时，可以寻求社会工作者的协助。

*尊重老年人意愿。疏导方案应尽量与老年人达成一致意见。每次进行心理疏导前，应征得老年人同意；在心理疏导过程中，如果老年人情绪过于激动或出现其他意外情况，应适时终止。

*营造无拘束的环境氛围。进行心理疏导时，应注意环境的舒适、安静和私密性，营造无拘束的氛围，让老年人感到安心和舒适。

*语言和非语言疏导技巧的运用。在进行心理疏导的过程中，应结合老年人的个性特征及特定情境，恰当运用各种语言和非语言疏导技

巧，尤其要灵活运用肢体触摸等沟通技巧。

＊注重保护老年人隐私。多数老年人秉持传统观念，认为抑郁令人难堪。因此，要注意保护老年人的隐私。每次进行心理疏导时，需要注意环境的私密性，以保护老年人的隐私。

(2)老年痴呆

①老年痴呆的症状

老年痴呆的早期症状表现多样，个体差异很大，主要表现在以下几个方面。但是需要注意，并非所有的痴呆老年人都同时存在以下症状，通常以2～3个症状为主。

记忆力下降。记忆力下降是痴呆老年人早期最常见的症状之一。在痴呆早期，记忆力下降主要表现为近事遗忘严重，常常丢三落四，刚放下电话就忘了是谁打来的，买东西时常常付完钱后把东西遗忘在市场，见到老朋友想不出名字，即使经过他人提醒也难以想起，而且记忆力的下降明显影响到日常生活，这是痴呆与健忘的关键区别。

定向力障碍。在疾病早期，痴呆老年人表现为对时间的观念差，有些老年人分不清目前的年份、月份和日期；在陌生的地方容易有迷失感，甚至迷路。随着病情加重，痴呆老年人逐渐分不清季节，不能辨认白天和黑夜；外出迷路，甚至走失；逐渐不认识朋友、家人。到疾病晚期，连镜子中的自己也认不出来。

语言能力受损。在患病早期，有些痴呆老年人出现说话忘词、叫不出常用物品名称的症状。例如，手里拿着牙刷，也会使用牙刷来刷牙，却无法说出“牙刷”的名称。

判断力下降。在患病早期，痴呆老年人的判断力出现下降。在日常生活中，有些老年人表现为不知根据天气的冷暖增减衣物，还有些老年人变得容易受骗，买一大堆无用的保健产品等。

抽象思维能力下降。有些痴呆老年人在疾病早期就出现抽象思维能力的障碍。例如，对数的概念变得模糊，分不清钱款的数额。

难以完成工作。在患病早期，痴呆老年人表现为难以完成平日胜任的工作。

性格改变。在患病早期，老年人的性格发生明显变化，变得多疑、自私、爱抱怨、和人交往时缺乏主动性等，甚至有些老年人跟孙子女争宠，抱怨子女的照顾不周等。

情绪波动。有些老年人在痴呆早期出现抑郁症状，因此容易被误诊为抑郁症。还有些老年人变得容易紧张，因为一点儿琐事而坐立不安；在日常生活中，其情绪难以保持稳定的状态，容易波动，经常发脾气或泪流满面。

(2)预防老年痴呆的方法

养成规律的生活习惯。养成规律的生活习惯，如制定科学合理的作息时间表，保证充足的睡眠，养成规律、合理的饮食习惯和生活习惯，戒除有害健康的不良嗜好，选择适合自己的运动形式，从而逐步建立健康的生活方式。

遵循“用进废退”的用脑原则。大脑使用越少，衰老也就越快。因此，老年人要遵循“用进废退”原则，坚持合理用脑。尤其是退休后，老年人应继续学习新知识，坚持读书、看报并养成思考和与人讨论的习惯。一方面，学习可以促进大脑的活动，延缓记忆力的衰退；另一方面，学习可更新知识，有助于老年人更好地适应社会发展过程中不断出现。

回归社会，发挥潜能。社会疏远老年人、老年人退出社会，是老年人产生心理问题的重要原因。对退休老年人，如果其身体条件允许，且有一技之长，应积极寻找机会，让其做些力所能及的事情，使老年人的经验、知识和技能重新得到发挥。一方面发挥潜能，为社会继续作贡献，实现自我价值;另一方面使自己精神上有所寄托,充实退休后生活。

培养爱好,保持社交。老年人应培养自己的个人爱好,以丰富生活。许多老年人在退休前已有业余爱好,退休后可利用闲暇时间继续发展这些爱好;对退休前没有特殊爱好的老年人,护理员应指导老年人有意识地培养个人爱好,以丰富和充实老年生活。

知足常乐,善于调控情绪。保持乐观心态对健康异常重要。随着年龄增长,老年人的生理和心理机能都会出现老化迹象,老年人应尽量做到知足常乐,感知生活中的乐趣,学习调节情绪的方法。

**知识链接**

在预防老年人痴呆时,如果无法进行有效预防,可请专业人士进行危机干预。老年痴呆患者在患病初期容易陷入抑郁症,一旦发现其心理出现危机时,应立即咨询专业人士,结合心理急救、心理会谈等方式及时进行正确的心理干预。

## 105.老年人临终关怀的内容有哪些?

临终关怀并非一种治愈疗法,而是一种专注于在患者将要逝世前的几星期甚至几个月的时间内,减轻其疾病的症状、延缓疾病发展的医疗护理。临终关怀的护理核心是“关心”,其目的是尽最大限度减轻临终老年人痛苦,缓和其面对死亡的恐惧与不安,维护其尊严,提高尚存的生命质量,使临终老年人在温馨的环境中离开世界。临终关怀不追求可能给病人增添痛苦的或无意义的治疗,但要求医务人员以熟练的业务和良好的服务来控制病人的症状。

(1)临终关怀的内容

①医疗服务。由执业医师依据临终老人病情评估表进行评估,根据评估结果开具医嘱及舒缓措施,由注册护士执行。同时,对老人及时进行疼痛评估,以减轻老人的痛苦和不适症状为首要,不以治愈和延续生命为目的,如疼痛的管理和控制、紧急症状的处理、支持疗护等。

②康复服务。临终老人的康复运动方案制定宜由专职或兼职运动康复师执行,通过按摩、适量的局部运动、中医及其他传统医药等,达到延缓功能衰竭、缓解疼痛及肢体僵化等,以转移其注意力,调节心理上的不安,提高舒适度。

③生活照料。依据老年人能力评估级别及心理需求,给老人制定、提供个性化的照护方案,并监督落实;为老人提供持续性生活照顾,以确保老人享有舒适、清洁、安全的日常生活。

④舒缓服务。为老人实施疼痛控制、舒缓不适症状,包括用药及各种专业护理措施,以及陪伴及交流;对功能障碍如排泄困难、吞咽困难、活动困难等要及时采取处理措施,最大限度地缓解老人病痛及不适,增强其对临终阶段适应性。

⑤风险干预。对烦躁、坠床、跌倒、压疮、误服药等风险早期采取防范措施,对有自杀倾向的要及时发现,施行早期心理干预及社会关系支持。

⑥维护尊严。服务人员应维护老人的个人权利,保护隐私,尊重个人生活方式,鼓励其乐观生活、勇敢面对现实。

⑦营养支持。老年人的营养评估及饮食方案制定宜由专职或兼职营养师执行,应根据临终者营养状况和所患疾病,结合个人偏好制定个性化营养餐。营养配餐宜色香味形俱全,促进食欲。对不能自主进食者应按时喂食、喂水,以维持机体热量需求。

(2)临终关怀的特点

①以病人为中心,其主要对象是不可逆转的临终患者。

②临终关怀的主要目的不是治疗或治愈疾病,而是减轻患者的身心痛苦。

③临终关怀不仅关心病人,而且也关心患者家属的身心健康。

④临终关怀的服务团队以医务人员为主,同时有家属、社会团体和各界人士等大量社会志愿者参加,已成为一项社会公益事业。

**知识链接**

临终关怀的意义如下:

(1)有利于人类死亡观念的有序嬗变:临终关怀使人们正视临终、直面死亡,而非消极回避或自欺欺人。这种观念的变化体现了生命神圣、生命质量和生命价值等现代理念的统一,是人类死亡文明的巨大进步。

(2)彰显人道主义精神,有利于医学人道主义的不断升华。

(3)是人类文明进步的体现,有利于社会精神文明的进步:临终关怀事业不仅满足了临终病人及其家属的特殊需求,而且其中蕴含的职业精神也推动着医疗卫生行业乃至社会的文明进步。

(4)有利于医疗卫生资源的合理分配:临终关怀不追求对临终病人无意义的抢救,而是为其提供缓解性、支持性的安宁照顾。既能保证临终病人得到必要的医学服务,又避免了不必要的资源消耗,从而有利于医疗卫生资源的公正、合理分配。

## 106. 老年人活动策划与实施的内容有哪些?

老年活动策划实质上是一种计划活动,是理性的规划或策略性的计划活动。按照活动进度,可分为活动策划期、活动开展期、活动结束期。

(1)活动筹划期

①了解老年人参加活动的限制条件

身体健康状况不良。如果老人身体羸弱,出行不便,或者听力和言语表达有障碍又不能配备助听器和助手,就不适宜参加活动。

有搅扰行为。有些老年人的认知水平欠佳,如患晚期失智或者有其他器质性疾病的老人,因为思维混乱不能正常与人交流,有严重行为问题,参加活动就难以取得预期效果。活动组织者可能无法纠正老人的行为举止,或者老人离开活动现场游荡到其他地方时,无法保证老人的安全。如果老人有严重的抑郁症,或者正处于精神疾病发作期,思维或行为略显呆滞,也不适宜参加活动。

处于危机干预期。如果老人处于紧急危机状况中,如被诊断出患致命的疾病,或失去了亲人、挚友等,在这些情况下均不适宜参加集体活动。

②准备场地及设施

举办活动的场地选择至关重要,它往往决定活动的成败。举办活动时,尤其是举办特色活动、大型主题活动,如果经费许可,除了选择会议室、老年活动中心外,还可租用幼儿园、学校等场地,勾起老人的童年往事,以此开展怀旧主题活动;租用历史遗址、风景名胜区,让老人感受自然之美和历史气息。可选择开阔的、无障碍的空间,场所不宜过大,以避免过于空荡；场地也不能太小，因为老人可能坐着轮椅或者使用步行器、拐杖等，在足够大的空间内才能活动自如。

另外，活动场地一定要方便如厕，并备有残疾人卫生间、休息区域。开展活动时，一定要提前检查，如座椅是否牢固，设备、电线电缆等是否阻碍通行等，以便消除安全隐患。要确保消防出口、残疾人专用通道出入口安全通畅。如老人视力和听力有损伤，则宣传材料要尽可能色彩鲜艳、饱和度高、文字突出。如果条件允许，可为老人配备视听辅助器材，安排讲解人员。

③安排活动时间

由于老年人时间相对宽裕，所以活动时间安排比较自由。为了保证效果，要避开酷暑和极度寒冷天气，避开上下班高峰的时间段，同时要考虑到老人的生活安排和日常作息时间，尽量不打乱老人的常规生活。一般活动时间不宜过长，应控制在 1 小时以内，如果超过 1 小时，应安排中间休息，避免让老人感觉劳累。

(2)活动开展期

①建立相互信赖的关系

信赖是保证老年活动顺利开展的重要条件。与老年人接触时，只有积极给予老人支持的活动组织者，才能与老人建立信赖关系。积极倾听是一种良好的沟通方法，包括专注于说话者的语言和非语言信息，如复述、赞许性点头等。老年人由此得到安慰，感觉不再孤单，这样才能营造一种和谐温暖的氛围。另外，对老人取得的成绩应及时、真诚地给予称赞和鼓励，帮助他们树立或增强自信心。

②组织结构性活动

在活动中，需要道具来刺激老人，尤其是缅怀往事等。方法之一是让小组成员带一些与过去生活有关的物件来参加活动。如一件衣服、一张旧报纸等。更具结构性的活动，可以是将家庭成员传记、家族照片送给家庭成员或汇编家庭烹饪手册，这要视小组成员的能力和兴趣而定。也可以运用布衣拼贴、雕塑、绘画和其他的艺术形式来装扮老年人的房间。还可组织增进老人与孙辈感情的“祖孙亲——童趣冒险”的心理茶吧活动，运用布娃娃或动物玩偶等道具，请老人为孙辈选择一个代表性玩偶，并说出原因，不仅可以增加活动乐趣，而且可以快速表达亲情。另外，还可选用优美动听的背景音，以调节现场氛围。

③善用团体游戏

工作人员通过活动程序，先营造气氛，待成员互相熟悉后，再进一步了解他们对团体游戏的看法及活动的兴趣。所以，在老年活动开始，尤其是第一次聚会时，先通过两个热身游戏，在欢乐的氛围中让成员相互认识。在活动休息期和结束期，也可用适当的游戏营造温暖愉快的气氛，以便活动更好展开。

(3)活动结束期

精心设计离别活动。组织者可以拍一些活动现场的照片或和活动嘉宾的合影，把照片冲洗出来，放在镜框里，在活动结束时及时送给参与活动的老人。如果时间不够，可以在活动结束一周内制成活动纪念手册，邮寄或亲自登门拜访送给老人，这样会给老人留下最温馨充实的活动回忆。做好活动评估。活动结束前，可以多与老人交谈，了解其感受，聊聊活动的收获、对活动的意见和建议等。同时，与活动的主办方、承办方等充分沟通，对活动的过程、结果进行评价，以便总结经验教训。

**知识链接**

老年活动策划与组织的基本要求如下：(1)尊敬老人；(2)有序展开；(3)尊重老人的自决权；(4)个别化原则。在策划老年活动时，一定要充分考虑老年人和外部环境的协调性，即老人是否适应外部环境。

## 107. 老年人需要法律援助的情形有哪些？

老人需要法律援助的情形如下：

（1）遗弃虐待老人。有的子女以赡养为借口，大肆攫取老人财产，或者与老人共同居住的子女以赡养、照料老人生活为名，在购买房屋产权、户口迁入等目的达到后，遗弃、虐待老人等。

（2）因继承遗产而侵犯老年人继承权的纠纷案件。

（3）侵吞老人的房屋产权。

（4）再婚老人的配偶一方去世后引发的财产继承和老人赡养问题。

（5）老人的赡养问题。

为了建立老年法律援助长效机制，我国各地出台系列文件或政策，不断强化援助措施，其主要措施如下：

一是扩大老年人法律援助事项范围。将老年人普遍关注的赡养、房产、退休金、婚姻、继承、医疗等事项列入法律援助范围。

二是执行免经济状况审查规定。对 70 岁以上及患有重大疾病的老年人，因家庭暴力、虐待、遗弃和其他严重侵权行为主张权利的老年人，城乡特困老人、失能半失能、空巢等老年人，免于经济状况审查。

三是合理指派服务人员。指派有爱心、擅长与老年人沟通、有丰富办案经验的工作人员承办涉老案件，积极创造条件组建老年人公益服务队伍。

四是优化援助形式。根据涉老维权中婚姻家庭矛盾占多数的特点，从既解决实际问题，又有利于老年人生活的角度出发，尽可能采用“援调对接”的非诉讼方式解决问题。

五是倡导对老年人减免收费。司法行政机关要积极倡导律师事务所、基层法律服务所、公证机构、司法鉴定机构对经济困难但不符合法律援助条件的老年人减免法律服务收费;倡导公证机构对75周岁以上老年人办理公证减半收费,80岁以上的老年人办理遗嘱公证免收费用。

知识链接

法律援助是指由政府设立的法律援助机构或者非政府设立的合法律所组织法律援助的律师,为经济困难或特殊案件的人尤其是农民给予无偿提供法律服务的一项法律保障制度。特殊案件是指依照《中华人民共和国刑事诉讼法》第三十四条的规定,刑事案件的被告人是盲、聋、哑或者是尚未完全丧失辩认或者控制自己行为能力的精神病人没有委托辩护人的,或者被告人可能被判处死刑而没有委托辩护人的,应当获得法律援助。

## 108.社区居家养老服务必备的安全知识和技能有哪些?

养老服务安全是指老年人在接受养老服务过程中,无并发症、差错、事故及纠纷,发生法律和规章制度允许范围以外的心理、机体结构或功能上的损害、障碍、缺陷或死亡。养老服务安全是养老服务的基础,也是提升养老服务质量的关键。

(1)老人常见的安全问题

①跌倒。老年人跌倒的发生率随增龄而增高,资料统计,65岁以上老年人,每年跌倒1次的占30%,跌倒2次的占15%。世界卫生组织认为,跌倒是老年人慢性致残的第三大原因。老人跌倒常见原因如下:

大脑反应迟缓。老年人视力下降、立体感减弱、大脑中枢对信息感受的过程减慢等，对出现的险情不能及时发现。即使发现，在回转动作的过程中也容易失去平衡，最后跌倒。

姿势控制力降低。衰老使脑细胞减少，神经系统功能降低，造成生理性的姿势控制能力降低，同时患有中枢神经系统疾病也可引起病理性姿势控制能力减弱，使姿势倾斜度增加，容易跌倒。

肢体协调减弱。老年人关节活动不灵活，肌肉力量减弱，行走时骨盆必须侧向支持体重的那条腿，才能腾出另一条腿向前行走，当腿移动太慢，脚不能抬高，则易发生跌倒。

心脑血管病变。老年人因脑血栓、脑出血后遗症，小脑萎缩或帕金森病导致肢体活动不灵活，稍有不慎易发生跌倒。

环境因素。居室、浴室、卫生间的布局和配备不合理，或老年人对环境不适应，也是造成老年人跌倒的危险因素。

②坠床。坠床是造成老年人外伤和骨折的原因之一。常见原因有：

有意识障碍老年人，因为躁动不安，在自主或不自主的活动中坠床。

在养老服务过程中，因翻身不当造成老年人坠床。

③走失。随着老年痴呆等疾病患病率的升高，老年人走失的现象越来越频发。常见原因有：

能活动的老年痴呆患者因为智能和判断力减退而走失。

老年人与家庭成员或养老服务人员发生矛盾，故意赌气离家或离院出走。

④噎食。噎食是老年人猝死的常见诱因之一。老年人噎食的常见原因如下：

咀嚼功能不良：是由于老年人牙齿松动脱落加上嚼肌功能下降所导致的。

吞咽动作失调：老年人吞咽软骨活动没有以往灵敏，加上脑血管病变等原因，容易造成吞咽动作不协调，从而导致食物容易落入气管。

胃酸分泌过多：老年人容易噎食，有的是因为胃酸分泌过多造成的，和膈肌痉挛也是有直接关系，还有的和幽门螺旋杆菌感染也有一定关系。

咽喉部黏膜萎缩：老年人咽喉部黏膜逐渐萎缩，吞咽时力道不够，气管没有关紧，食物就会误入气管，堵住气管或支气管，且因为是反射动作，等到有感觉时，哽噎已发生。

脑血管病因素：对于脑梗、中风等脑血管病患者来说，也很容易出现吞咽反射障碍，下咽时，经常导致食物误入气管，这时应尽早到医院进行头部CT检查，明确病因，监测血压变化。

全身性疾病及各种器官系统的疾病，如胃癌、慢性心衰、慢性支气管炎、贫血、精神病等，都可引起噎食、吞咽困难等现象。

⑤烫伤。由于年龄增大和身体部分机能的丧失，老年人常常发生烫伤。常见原因如下：

老年人行动不便或视力衰退，生活中不小心碰倒热水瓶、热水杯等都易被烫伤。

由于感官退化，洗澡时热水温度过高造成烫伤。

老年人生病时，更倾向于中医治疗，如中医拔罐、针灸等理疗，理疗器温度过高或操作技术不当都会造成烫伤。

(2)老年人常见安全问题的处理技能

①发现老人跌倒，不要急于扶起，要根据具体情况处理：

* 在老人意识不清的情况下，应立即拨打急救电话。

* 有外伤、出血，立即止血、包扎。

* 有呕吐，将头偏向一侧，并清理口、鼻腔呕吐物，保证呼吸通畅。

*有抽搐，移至平整软地面或身体下垫软物，防止碰、擦伤，必要时牙间垫较硬物，防止舌咬伤，不要硬掰抽搐肢体，防止肌肉、骨骼损伤。

*如呼吸、心跳停止，应迅速置其头于后仰位、托起下颌，同时及时清理口腔分泌物，保持呼吸道通畅。施行胸外心脏按压、人工呼吸等心肺复苏操作。

如需搬动老人，应尽量保证平稳平卧。

②在老人意识清楚的情况下，可以采取以下措施：

询问老人跌倒情况及对跌倒过程是否有记忆，如不能记起跌倒过程，可能为晕厥或脑血管意外，应立即护送老人到医院诊治或拨打急救电话；询问是否有剧烈头痛或口角歪斜、言语不利、手脚无力等中风情况。如有，立即扶起老人可能加重脑出血或脑缺血，使病情加重，此时应立即拨打急救电话。

有外伤、出血，立即止血、包扎并护送老年人到医院进一步处理。

查看有无肢体疼痛、畸形、关节异常、肢体位置异常等提示骨折情形，如无相关专业知识，不要随便搬动，以免加重病情，应立即拨打急救电话。

查询有无腰、背部疼痛，双腿活动或感觉异常及大小便失禁等提示腰椎损害的情形，如无相关专业知识，不要随便搬动，以免加重病情，应立即拨打急救电话；如老人试图自行站起，可协助老人缓慢起立，坐、卧休息并观察，确认无碍后方可离开。

③老年人噎食应急处理方法。当发现老人噎食时，可立即采取海姆立克急救法。具体按以下方法操作：

意识尚清醒的病人可采用立位或坐位，抢救者站在病人背后，双臂环抱病人，一手握拳，使拇指掌关节突出点顶住病人腹部正中线脐上部位，另一只手手掌压在拳头上，连续快速向内、向上推压冲击6～10次，注意不要伤其肋骨。

昏迷倒地的病人采用仰卧位，抢救者骑跨在病人髋部，按上法推压冲击脐上部位。这样冲击上腹部，等于突然增大了腹内压力，可以抬高膈肌，使气道瞬间压力迅速加大，肺内空气被迫排出，使阻塞气管的食物或其他异物上移并被驱出。

另外，可采取以下方法预防老年人噎食：进食前协助老人坐于椅子上，长期卧床的可以摇高床头>30 度，进食后 30 分钟再躺下休息。进食宜慢，小口送食，不可催促老人。暴饮暴食的要加以控制数量。食物宜软，出现吞咽困难、面肌痉挛、唇舌震颤等症状者，要给予稀、软的流质或半流质食物，缓慢进餐。忌食馒头、饼及坚硬的、大块食物。如需食，可将馒头、饼泡在汤或牛奶、豆浆中充分软化，或捣碎成半流质，将长条、大块的食物切成细块充分咀嚼。进食后应少量喝汤，饮水或漱口，清理口腔的食物残渣，防止发生意外，必要时留置胃管。

④老年人烫伤处理方法。烫伤是由无火焰的高温液体（沸水、热油、钢水）、高温固体（烧热的金属等）或高温蒸气等所致的组织损伤。发现老人烫伤后，首先要辨别烫伤程度，烫伤程度判别如下：一度烫伤，最轻的烫伤，只损害皮肤表层，有局部轻度红肿、无水泡、疼痛明显。二度烫伤，中度烫伤，不但损害表皮，而且也伤及皮肤中层，有水泡，疼痛明显。三度烫伤，最严重的烫伤，皮下、脂肪、肌肉都受到损伤，呈灰或红褐色，甚至会变黑变焦。需要注意的是，由于神经受损，很可能感觉不到疼痛。

如有烫伤发生，可采取以下方法处理：

冲：如果烫伤的面积比较小，可先用冷水冲泡半个小时左右，直到不再感到疼痛为止。这样可防止烫伤面积扩大和损伤加重。

泡：如果烫伤的面积比较大，比较严重，冲水已无法解决。可以在选择大盆或者浴缸冷水浸泡，浸泡时间可以相对长一些。需要注意的是，不能让自己的身体变冷，如果浸泡时发现自己开始冷了，一定要做简单的保暖措施。

剪：烫伤发生后，应先用冷水浸泡，然后用剪刀小心剪开并脱掉衣物，也可以去医院找专业医师处理。

盖：准备好经过消毒的、卫生干净的医用纱布或者是棉布，盖在烫伤部位进行固定。

送：一度烫伤经过急救、涂药膏，皮肤会自我修复，很快会好。但二度和三度要立马送往医院，特别是发生三度烫伤，要用干净纱布覆盖，不可涂抹药物，更不可听信偏方涂抹酱油、牙膏等加重病情的东西，要迅速送医。因为烫伤到达一定程度，处理不当很容易使伤口感染，留下疤痕等，严重的甚至危及生命安全。

**知识链接**

随着社会的发展，老年人及其家属的自我保护意识逐渐提高，养老服务安全问题不仅成为养老服务管理工作的重要内容，同时也是反映养老服务质量的重要标志。在老年人安全问题中，除了提高相关服务人员的应对能力外，主要的应对方法在于预防。在日常生活中，相关服务人员应帮助老年人加强预防意识，预防跌倒、坠床、走失、噎食、烫伤等，以避免发生意外安全事故。

## 109. 社区居家养老服务安全应急预案的内容有哪些?

(1)安全事故处置原则

老年人一旦发生意外事故,应做出迅速果断的处置,其处置原则有:快速反应原则、依法处置原则、协同应对原则、及时处理原则、吸取教训原则。

①快速反应原则。意外事件快速反应原则是指处置突发事件应当快速反应,措施果断,迅速控制局面,维护老年人安全。要求养老服务人员具有果断处置的能力。

②依法处置原则。处置老年人的突发事件,必须以法律和法规为依据。要求养老服务人员有法律意识,遵纪守法。

③协同应对原则。处置突发事件时部门联合、协调配合,处置有序是基本准则。要求养老服务人员树立团队协作精神,及时沟通。

④及时处理原则。意外事件一旦发生,就必须快速反应,早介入、早决策、早平息、早疏导。要讲究实效,速战速决,切忌拖拉不理和听凭事态的进一步扩大。要求养老服务人员反应敏捷,有敏锐的观察能力,及时发现和消除潜在的危险因素。

⑤吸取教训原则。针对各类突发事件,应进行分析和研究,找出发生的原因,从中吸取教训。

(2)安全事故应急处置措施

①火灾发生时,应采取如下措施:立即向 119 消防指挥中心报警,并通知应急办公室、居家养老管理办公室、居家养老照料中心。迅速切断有关电源。抢险救灾组迅速疏散人员,撤离到安全区域。积极配合消防

人员灭火。在进行灭火的同时,应采取有效的隔离措施,防止火势蔓延。

②发现食物中毒现象,立即采取如下措施:发现有类似食物中毒症状时,应迅速送医院诊治。迅速向社区居委会、居家养老管理部门及卫生防疫部门报告。做好所食用食物取样工作,以备卫生部门检验。迅速排查食用致毒食物的名单,并检查当事人身体状况。积极配合上级有关部门做好诊治、调查、事故处理等工作。

③如发生触电事故,应立即采取以下措施:发现触电事故时,应马上赶到现场并切断电源。在未切断电源之前,切不可用人体接触伤者,应用绝缘的物体挑开线头。立即进行人工急救,并通知医务人员马上进行抢救或送医院急救。查明事故原因并记录。

④发现老年人之间或老年人与其他人员发生争吵、斗殴等现象,应立即采取以下措施:要及时制止。如有社区工作人员以外的人员介入,应先将外来人员劝离。如果事态严重,应及时报告 110 处理。迅速报告社区居委会,由居委会指派相关人员协助调解。工作人员在制止双方争吵、斗殴时,切记不能动粗,不允许恶言相劝。

⑤如发现老人急症或跌跤、摔倒等情况,应采取如下措施:第一时间赶到现场,判断老年人的身体状况,及时救护,避免老年人受到二次伤害。立即通知医务人员赶赴现场,视情况紧急处理。尽快通知老年人的家属。若情况危急,应迅速拨打急救电话 120。

**知识链接**

处置安全事故时,应做到以下三点:迅速处置,及时告知;冷静稳重,正确操作;准确记录,保存完整。以专业的技能和最快速度及时处理相关事故,及时保障老年人的人身安全。

# 参考文献

[1]《中华人民共和国民法典》(2021 版)

[2]《中华人民共和国老年人权益保障法》(2018 年修正版)

[3]全国社会工作者职业水平考试教材编写组. 社会工作法规与政策[M]. 北京:中国社会出版社,2021.

[4]汪泳. 社区居家养老服务供给侧改革的实践与创新[M]. 北京:人民邮电出版社,2020.

[5]张丽艳. 城市社区居家养老生态服务系统研究[M]. 上海:上海交通大学出版社,2020.

[6]韩振秋,郭小迅. 社区居家养老服务手册[M]. 北京:化学工业出版社,2020.

[7]孟令君. 社区居家养老服务[M]. 北京:中国社会出版社,2012.

[8]宋岳涛. 老年综合评估[M]北京:中国协和医科大学出版社,2012.